平和学のいま

地球・自分・未来をつなぐ見取図

平井　朗
横山正樹
小山英之　編

法律文化社

はしがき

いま私たちは新型コロナウイルス感染症（COVID-19）のパンデミックに直面している。それは世界の多くの人びとに死と恐怖を与えるだけでなく、いままで経験したことがないと感じられる社会変動をももたらしている。「ステイホーム」「自粛」…はいままでのあたりまえの生活を、いままでにない「新しい生活様式」や「新常態（new normal）」に作り変えるのだろうか。

いま私たちがその渦中にいる危機は、もちろん人間の生命そのものへの危機であるとともに、人類の生存を支えてきた社会のあり方にも影響を及ぼしているという意味で、間違いなくサブシステンス（生存のための要件を指す。本書45-48ページ参照）の危機である。これに平和学はどう立ち向かうことができるのか、あらためて考えなければならない。

民族、国籍、経済的位置のような人間の社会的属性に関係なくウイルスは平等に感染する。しかし、たとえば「シカゴ市では黒人の感染死亡者は全体の7割を占め、白人の約5倍にのぼる」（日本経済新聞2020年4月9日）。黒人には貧困のための食習慣に起因する糖尿病などの基礎疾患がある人が多いことや、多くの人がロックダウン下でも現場で社会インフラを支える感染リスクの高い職業に従事する（エッセンシャルワーカー／キイワーカー）など、健康格差、健康の不平等がその原因であるとされる。特定の人びとが社会の仕組みのあり方のために感染や死に多くみまわれ、貧富の差によって感染リスクに差が生じているのだ。

さらに、感染拡大防止のための対策がさまざまな社会活動を停止した影響で、パート、アルバイトなど非正規雇用で働く人びとが真っ先に減収や失業に直面し、その多くを占める女性、外国人、学生など、経済的弱者にしわ寄せが集中し、生活・生存の困難が生じている。

それらは今回突然新たに起こった驚異的な何か、あるいは単に自然災害によって引き起こされた厄災なのだろうか。いや、それはむしろこの社会のそもそものありように根ざした構造的暴力というべきではないか。ステイホームに

よって防ごうとした医療崩壊も、そもそもは開発主義（本書34-35ページ参照）の中、新自由主義的政策によって世界各国で医療費を削減するために病床や医療スタッフを大幅に減らすような「合理化」を進めてきたことによって引き起こされた暴力である。環境平和学を提唱して本書に至るまでの約20年間、本書の筆者の多くは開発主義からの脱却を述べ続けてきた。いまここにみられるのは、新たな何かではなくこの社会の中で開発主義の現れとしてすでにあった暴力が、より激しい形をとって顕在化してきたものである。

「ステイホーム」「自粛」のような対策が長引き、人びとの社会経済生活に与える負のインパクトが拡大する中、しばしばみられるのが「命か経済か」「安全か人権か」のような二者択一の議論である。命を守るために経済活動を止めるのか、経済を止め続けることはできないので感染封じ込めを諦めるのか。感染を防止して安全を図るために人権を奪う監視社会化を選ぶのか、感染リスクが高まってもプライバシーを守るのかという議論である。しかし、そもそも経済は命の維持のためにあり、人権は命を守る権利ではないのか。これは「命と命」の問題、平和の課題なのである。

他方、新型コロナウイルスを敵と呼び、covid-19への取り組みを戦争になぞらえる言説が広まっている。世界はあっという間にウイルスと戦う「戦争」の渦中となり、日常生活においても「戦時なのだから、××しなければならない」という戦争の論理が現れるようになった。「戦争なのだから勝つことが絶対最優先で、そのための多少の犠牲はやむを得ない」「甘い自粛では防疫できないから憲法改正が必要だ」「いや、ウイルスにやられるよりも一刻も早い経済再開だ」…等々。感染症も経済生活もともに命の問題であることを無視し、私たち人間とウイルスがともにこの地球生態系の一部であることも忘れ、経済（人間）と環境（ウイルス）が二項対立するものであるかのような議論がまかり通っている。

ウイルスは地球の数十億年の中で生物とともに進化してきた。さまざまに共存し、また感染症を起こしてもきた。しかし、人間の開発による生態系への進出、破壊がパンデミックのリスクを高めたのであり、人間が自然の一員である限りは感染症がなくなることはない。人間が勝つかウイルスが勝つかのような

二項対立ではなく、何らかの形で私たちが変わって、ウイルスと折り合いをつけていくしかない。「言わば、感染症は人間が経済成長の代償として払っているコスト」(坂本龍一「"無駄"を愛でよ、そして災禍を変革の好機に」『朝日新聞デジタル＆Ｍ』2020年5月22日)なのだ。

　世界の多くの人びとが求めた経済成長、それを推し進めた開発主義、その上に進行した新自由主義グローバリゼーションがパンデミックや医療崩壊を招いている。さらに、その経済活動を止めて人びとからあたりまえの生活や生業(サブシステンス)を奪うステイホームによってしかその危機に対応できないとはどういうことなのか。人権侵害によって命を守る?!　平和そのものを否定するような矛盾に満ちた地平から、平和を考え直す、学び直すべき「いま」なのである。

　21世紀を迎えてからいままでの20年弱の間に、さまざまなサブシステンスの危機があった。特に2011年の3.11においては、原発事故という未曽有の危機によって多くの人びとが経済至上の世界のあり方に疑問を抱き、開発主義からの脱却をめざすかのようにみえたが、原発の再稼働とともにその機運も消えたようだった。しかし、原子力がパンドラの箱を開けたようにCOVID-19は私たちが地球環境破壊の深淵に立っていることを垣間見せ、再び変わるべきチャンスであることに気づかせた。

　いま私たちには経済や暮らしのあり方を変え、「ウィズコロナ」「新しい生活様式」や「新常態」といってウイルスと共生することが求められている。それはショック・ドクトリン(惨事の混乱に乗じて大きな変革を行い、より大きな利益を得る火事場泥棒資本主義)による「新しい開発主義」なのだろうか。もしそうならば人類が生き延びることはさらに困難になるだろう。いまここで開発主義から脱却するパラダイムシフトができなければもう先がないのだ。

　一方、このパンデミックのさなかに気候変動が刻一刻と進行していることも忘れてはならない。私たちの日々の生活の仕組みがさまざまな方向から私たち自身のサブシステンスを壊し、人類の生存を危機に追いやっているいままさに、この危機への平和学の応答が問われている。

　本書は、いずれも法律文化社刊の戸﨑純・横山正樹編『環境を平和学する！

—「持続可能な開発」からサブシステンス志向へ』(2002年)、郭洋春・戸﨑純・横山正樹編『脱「開発」へのサブシステンス論—環境を平和学する！2』(2004年)、郭洋春・戸﨑純・横山正樹編『環境平和学—サブシステンスの危機にどう立ち向かうか』(2005年)、そして岡本三夫・横山正樹編『平和学の現在』(1999年)『新・平和学の現在』(2009年)の積み重ねから厳選再録した章、それを大幅に改稿した章と、新たに書き下ろした章などから成っている。さらに、本書各章の参考文献としての論考とコラム、および残念ながら今回は掲載しきれなかった『新・平和学の現在』のいくつかの論考が法律文化社「教科書関連情報」ウェブサイトで参照できる。

平和学に関心をもち、初めて学ぶ人びとのための手引き、テキストであるとともに、「環境・平和研究会」(日本平和学会環境・平和分科会)に集った人びととをはじめ11名の平和学研究者が、開発主義によるサブシステンスの危機に対して、この20年ほどの間それぞれのフィールドで取り組んできた環境平和学研究の成果としての平和学のいまでもある。

本書をどのように読み進めるべきかを知りたい読者は、本書の構成と各章の概要が法律文化社「教科書関連情報」ウェブサイトにあるので、そちらを参照していただきたい。

同サイト掲載の参考論考には『新・平和学の現在』等の編者、岡本三夫・元日本平和学会会長の論考が4本含まれている。元会長が亡くなられてもう直ぐ1年が経つ。その存在がなければいまの平和学も本書もあり得なかったことを思い、あらためて先生の存在の大きさと業績が偲ばれる。

本書出版にあたっては法律文化社の小西英央さんにお世話いただいた。小西さんは前述の平和学書籍すべての編集に携わられた方であり、氏の貴重なご助言の結実が本書であると、編者・執筆者一同に代わって感謝の意を表したい。

2020年6月1日

編者を代表して　平井　朗

目 次

第1章

「戦争なければ平和」ではない！

横山　正樹

1　戦争・紛争の不在から暴力の不在へ

　20世紀は世界戦争と全面核戦争の危機の時代だった。二度にわたる世界戦争とヒロシマ・ナガサキ、それに引き続く米国と旧ソ連（ソビエト連邦）の核軍備拡張競争、さらに世界各地における地域紛争深刻化の時代でもあった。ことに米ソ冷戦下の全面核戦争の危機は人類社会を破滅の瀬戸際に立たせることになった。

　平和学（平和研究とも呼ばれる）は、こうした人類生存の危機を背景に成立し、展開されてきた。主に国家間の戦争やそれ以外の武力紛争の解決と防止がその主要な課題とされたのは当然のことだった。

　しかし平和学の課題は、戦争や地域紛争の解決だけに限定されない。

(1)　飢え・公害・差別によるピースレスネス

　確かに戦争や紛争では多くの人びとが生命を奪われ、傷つき、家や田畑を失う。しかし戦争ではない状況にあっても、地球上のあらゆる場所で、飲み水や栄養不足・医療衛生面の不備・疫病・公害・労災・職業病、いじめやハラスメント・DV（ドメスティック・バイオレンス）、あるいはさまざまな社会的差別により、さらに多数が日々苦しめられている。戦争や紛争でも、交戦による直接的な死傷者数より、環境破壊や食糧・医薬品の不足などで間接的に犠牲とされ

る人びとのほうがしばしば多い。

　戦争がなくても、飢えや公害や差別の渦中にあっては、誰も平和を感じることはできない。戦争が有事＝非常時という例外的な場合ならば、それ以外は平時だ。人類の歴史には長期にわたる戦争がいくつも存在した。それでも多くの人たちにとって平時のほうがずっと長い。平時にあっても平和でない状態（ピースレスネス peacelessness[1]）への取り組みが求められ、それも平和学の課題だと広く認識されるようになってきた。

(2)　ガルトゥングによる平和概念の拡張

　冷戦終結後の現在も、米国・ロシアそして中国の核軍備が増強されつつあり、全面核戦争の危機は深刻な状況のままだ。さらに1960年代末以降のイスラエルの核開発や1998年5月のインドとパキスタンによる核実験の応酬、2006年に初の核実験をした北朝鮮など核拡散が進み、地域核戦争を懸念させる。その上9.11事件（2001年）や2014年に「建国宣言」をしたIS（イスラム国を自称する武装集団）のような非国家組織による攻撃にも、そのうち核が用いられたり、原発などの核関連施設が狙われたりする危惧がある。

　いうまでもなく、核戦争は究極の環境破壊だ。加えて、資源の大量採取・消費と廃棄物の大量排出による地域と地球全体の生態系破綻、気候危機とまでいわれる気候変動問題、さらに新型ウイルス感染症のパンデミックなどが人類の平和と生存を脅かしている。

　このように平和の概念は時代とともに拡張されてきた。その理念的展開に大きく貢献したのがヨハン・ガルトゥングだ。

(3)　暴力の不在としての平和

　ガルトゥングは1969年、自ら編集長を務めていたオスロ国際平和研究所（PRIO）の研究誌『平和研究ジャーナル』に「暴力・平和そして平和研究」という論文[2]を発表した。そこで提起されたのが、暴力から平和を定義する方法だった。

　多くの人びとにとって共通に望ましいものであるはずの平和を、そのまま望

ましいさまざまな要素を足し合わせたものと理解せずに、平和をその反対の概念から定義しようと試みたこと、そして次にみるように平和の反対概念を戦争・紛争ではなく暴力と置き、次章で取り上げる構造的暴力の発見によって暴力を広くとらえたところにガルトゥングの着想のユニークさがあった。

　平和はこれまで戦争や紛争のない状態のことと理解されていた。それに対してガルトゥングは、平和を暴力の不在 absence of violence と置き、次のように説明した。[3]

　　人間あるいは人間集団の、身体的あるいは精神的な自己実現の現状 actual realizations が、その人たちの潜在的な実現可能性 potential realizations 以下に抑えられるような影響を受けているならば、そこには暴力が存在する。（中略）
　　暴力とは、実現するはずのもの the potential と実現したもの the actual、あるいは、達成されるべき状態と現実との、違いの原因と定義される。暴力とは実現可能性と現実との差を拡大し、また、この差の縮小を妨げるように作用する。

　この一番わかりやすい例は寿命だろう。80歳まで生きるはずだった人が50歳の時点で何者かに殺害されたとする。実現可能性（80歳の寿命）と現実（50歳で死亡）との差は30年間の寿命短縮だ。これが暴力の影響により引き起こされたことになる。

2　潜在的実現可能性を奪う暴力

　ガルトゥングが暴力を定義する上で用いた潜在的な実現可能性 potential realizations という考え方は彼の平和学を理解する上で重要なカギだ。
　ここでは、水俣病患者などの公害被害者たちの多くが胸に抱く「こんなはずではなかった」「あたりまえの未来が奪われた」という怨念のような思いをベースに、潜在的実現可能性について、さらに検討を深めてみよう。

(1)　潜在的実現可能性とは？
　これは、場合によっては実現するかもしれないという程度の可能性ではない。人間の一人ひとり、そして人間集団にとって、暴力がなければ実現したは

ずの到達状態 what could have been なのだ。そうした存在をガルトゥングは想定し、考え方の前提に置いている。

　物理学で位置エネルギーのことをポテンシャル・エネルギーともいう。たとえばそれはダムに水がたっぷり溜められている状態で、よほどの事故でもないかぎり、ダム上下の水位差と水量が発電などの仕事達成を保障している。これは、運や条件に恵まれた場合にだけ実現するかもしれない不確実なものとはちがい、暴力に妨げられないかぎり実現する、あるべき姿にほかならない。

　潜在的実現可能性にはサステイナビリティ sustainability（持続／永続可能性）という意味も含まれる。進化の過程を通じ、人類は自然の循環の中でそれに適応し、永く存続が可能な社会をつくって生きのびてきた。そうでなければすでに絶滅したはずだ。自然と人間社会が織りなす複雑な関係（サブシステンス＝生存基盤、第4章でさらに説明）によって、私たちの生存は連綿と支えられてきた。ところが核開発や地球環境の破壊によって、いまや滅亡の危機がせまっている。

⑵　個人と集団の潜在的実現可能性

　特定の個人について潜在的実現可能性の達成度を示すことは、実はなかなか困難だ。たとえば、ある人のあるべき寿命を前もって正確に知ることはできない。加えて個人に関する実現可能性の理解やその達成度には、当然、主観的要素が大きく作用する。それを客観的な指標として表すことはまず不可能だ。その人の一生を通して至る最終的な状態なのか、生涯のさまざまな時点での到達状態を指すのかも問題だ。一生としてみた場合、本人が生きているうち、ことに若い時分に将来の到達状態を予測するのも無理だろう。

　集団についてなら、客観的に示すことの可能な指標はいくつも考えられる。ガルトゥングが例としてあげた客観指標は、平均寿命ないし死亡率・疾病率と識字率だった。つまり暴力の影響は、個人ではなく、集団としてみていくことをガルトゥングも前提としているのだ。

　集団の場合、その構成員における実現性の平均的な発現期待値として、国別の平均寿命や乳児死亡率など、集団同士の比較がある程度は可能となる。そこで今後は、個人ではなく、人間の集団にそくして、潜在的実現可能性の到達状

態を考えていくことにする。

　ここから集団に関する包括的な調査、ことに健康状態についての疫学的調査の重要性が理解される。ここでいう集団には、各種の共同体・地域・都道府県市区町村などの行政区域・民族・国家などが想定できる。さらに職業・年齢・性別グループのほか、さまざまな部分集団もある。

(3)　放射能被害と疫学調査

　放射能の影響に関する疫学調査の例をここであげよう。米国の放射線物理学者スターングラスは、大気圏核実験の死の灰によって乳児死亡率が上昇したことをつきとめた。乳児死亡やガン発生について統計学的な分析を行った結果、「1951-66年までの15年間で、生後1年以内に死亡したアメリカの全乳児数は、それ以前の15年間の死亡数より37万5000人ふえている[5]」という。

　1人の赤ん坊が死亡した時に、それが核実験のためであると証明することは大変困難だ。ガンなどで病死する子どもは通常でも存在し、放射能が原因だったとしても特別な印がついているわけではないからだ。しかしスターングラスの行ったように、豊富なデータをもとに集団ごとの発生確率を比較すれば、そこに何らかの格差を立証できることもある。これが疫学的分析だ。

　彼の報告はその後30年以上にわたり米国で原子力発電所の新規着工が見あわされる一因になるなど、社会に大きな影響を与えた。

　ほぼ同じ条件の集団間でガン発生率やその死亡率に統計的に意味のある差が認められれば、そこに何らかの環境要因があることになる。その要因が核実験や原子力発電所の操業・事故などによる放射能汚染としか考えられない場合、そうした環境面の暴力が影響したものと疫学的に結論できる。特定の集団の潜在的実現可能性が暴力によって損なわれたことになるのだ。

　疫学的調査にみるように、発生確率などの統計的手法によって実現可能性と現実の到達状態のギャップを把握しようとする試みは重要だ。しかしこの方法がすべてに適用できるわけではない。たとえば人種差別など社会的な差別のために就学・就職あるいは結婚などの可能性が阻害されていると見込まれても、その全体像の検証はガン発生率の比較よりはるかにデリケートで難しい。社会

科学の研究をこの分野でいっそう深めていく必要があろう。

3　暴力レベルの変動と潜在的実現可能性

　ガルトゥングは潜在的実現可能性の到達状態を「所与の知識と手段でもって達成可能なレベル」と説明する[6]。つまりその時代に存在する最新で最上の知識や手段を十分に動員・享受できるような集団の到達したレベルと考えられる。前述の結核に関していえば、その治療法や予防法は人類全体にまだ行きわたっていない。現代社会における結核は、しばしば貧困と結びついている。これは暴力のひとつの表れに違いない。さらに高度な最新の医療技術はアクセスが限定された上費用も高額で、地球人口78億人（2020年国連推計値）の大部分は置き去りになる。このように地球的規模でみると実現可能性の到達状態には大きな格差があり、最新のレベルは一部のものにすぎない。

(1)　時代による暴力レベルの変動

　では何が暴力か。それは時代によって異なる。所与の（入手・活用可能な）知識と手段は時代によって異なるからだ。世界のどこかで新しい知識や手段が生み出されるごとに、到達状態のレベルはプラスにもマイナスにも変化する。

　人類社会は前述の通りすでに大きな格差を抱えている。有用な新知識や手段が世界中の人びとに速やかに共有されないかぎり、そこにはまた別の格差が上乗せされ、すなわち新たな暴力が追加される。その一例がデジタル・ディバイド、IT 活用・情報格差だ。いまや IT が活用できないと就職にも不利な状況だが、20世紀末まではたいして問題とされてこなかった。

　それでは潜在的実現可能性の到達レベル、つまり所与の知識と手段は、結核の克服のように向上（望ましい方向）へとだけ変化するものか。

　そうではない。

　「汚染・独占・濫用などによる資源の枯渇」のためにレベルが低下する場合もあるとガルトゥングは述べる[7]。時間的経過の中で到達レベルを示す曲線の形について、右上がりどころか、いかなる見通しもガルトゥングは示さない。同様

に実現されたレベルの曲線の形にも、また両曲線間のギャップの大きさについても推定をしない。ことにギャップの縮小傾向を想定する楽観的見方は明確に排除されている[8]（図1-1）。

汚染・独占・濫用による資源の枯渇というのは明らかに人為的な変化だ。資源の枯渇に直結しない場合でも、汚染の進行はそれだけで潜在的実現可能性の到達レベルに変化をもたらす。いま直面している気候危機やウイルス感染症パンデミックも人間活動による同様の問題ではないか。

図1-1 潜在的実現可能性の到達状態レベルと現実の差としての暴力

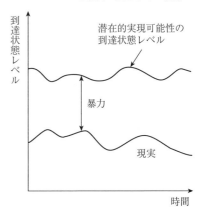

出所：岡本三夫・横山正樹編『新・平和学の現在』（法律文化社、2009年）50頁の図に修正を加えたもの

(2) 放射能汚染等による到達レベル低下と格差拡大

汚染や感染が一部の人びとだけでなく、幅広く地球全体に及ぶとき、それは確かに全人類平均の潜在的実現可能性到達レベルの低下を招く。こうした場合にも影響は不均等なのが常で、すでにある格差もいっそう拡大してしまう。

旧ソ連・チェルノブイリ原発事故（1986年）や東京電力原発事故（2011年）の際には放射能汚染が地球規模に広がって、大気圏核実験のように全人類の潜在的実現可能性到達レベルをそれなりに低下させたに違いない。しかし汚染とその被害の程度は事故現場からの距離や風向・降雨等の気象や地形条件、食生活、年齢や健康状態、医療水準などによって大きく異なっていた。旧ソ連ではウクライナ、ベラルーシ、ロシア等の経済的に恵まれない多数の子どもたちが苦痛のうちに生命・健康を奪われる一方で、欧米諸国や日本では放射能汚染食品の輸入を抑制した。ところが東電事故によって日本の立場は逆転する。54カ国・地域において食品等の輸入規制措置がとられ、2020年1月時点でもまだ20カ国・地域が規制を継続[9]、東日本で被災した生産者たちには二重の苦難が続く。

産業革命以来、私たちの生活を豊かにしてきたはずの科学技術の進展にも両

面性があり、無条件に歓迎することはできない。

核兵器の開発をはじめ、20世紀における大量殺戮を可能としたのがまさに科学技術の成果だった。原子力発電なども、人間社会の快適さ増進を謳いながら地元住民や未来世代を放射能被害の犠牲にするならば、それは格差の拡大であり、暴力の手段が強化されることにほかならない。

費用のかさむ高度医療や臓器移植といった、速やかな全人類的普及が期待できにくい性質の技術も同様だ。いや、むしろ近代の巨大科学の進展とは、ほとんどがこうした質のものではなかったか。

4 集団／個人からみた暴力と人権

世界人権宣言は、その前文の初めに「人類社会のすべての構成員の固有の尊厳と平等で譲ることのできない権利とを承認することは、世界における自由、正義および平和の基礎である[10]」と謳っている。この前半部分は国際社会で定着した人権の定義といえる。すべての人が生まれながらにもつ尊厳と平等で譲ることのできない諸権利の組み合わせが人権なのだ。固有の尊厳と平等な諸権利をもつとは、人間がそれぞれの実現可能性を阻害されないということの別の表現にほかならない。したがって人権の侵害は暴力であり、人権を守ることは平和をつくることに等しい。

(1) 人権の主体は個人だけか？

世界人権宣言で述べられている人権は、人類社会をその前提に置きながらも、人間存在の共同性との関連が十分に示されてはいない。人権の主体は個人と想定されている。1970年代から集団的な人権としての発展への権利、先住民族の権利などが国際社会で議論・宣言されてきた[11]。発展権の権利主体は国家とする強い主張もあるが、そうした国家が個人や集団の人権を侵害してきたとの矛盾も指摘されている。

暴力が潜在的実現可能性の発現を阻害する原因であるとの定義は、その発現主体として個人と集団との両面を含んでいる。実現可能性は個人について想定

できるが、前述のようにその発現度合いについて客観的な検証は困難で、潜在的実現可能性の到達指標としては集団単位の到達レベルを示すほかはない。

　個人を人権の主体とするのは、封建社会の呪縛から個の確立をたたかいとってきた西欧近代の当然の論理であって、個人の尊重はきわめて重要だ。しかし人間は個人のみでは生きられない。集団の中で、社会関係によって精神的にも物質的にも支えられ、生存が可能となる。

　「今だけ金だけ自分だけ」という風潮や、カネとコンビニさえあれば単身で生きていけるという考えは、現代の都市空間における一面的な幻想にすぎない。

　集団を形成し、選択する集団に参加すること、そしてその集団を随時脱退できることは、人権の基本要素だ。そこではもちろん集団内諸個人および集団間の意思決定プロセスにおける平等性が問われる。しかもグローバル化の進行は、地球上すべての集団・個人が相互に影響を及ぼしあって生きていかざるをえない方向に、かつてなかったほど関連づけを深めつつある。

(2)　人権をめぐる世代内と世代間の矛盾

　ところがグローバル化にあっても意思決定の基本枠組みは未だに国家のままだ。その上軍事力や経済力にまさる先進工業諸国の政策が、かつて植民地とされたアジア・アフリカ・中南米諸国、つまり第三世界の多数の人びとの命運を大きく左右している。多数決による民主政治は少数者の人権を保障する上で根本的な困難さを抱えているが、ほかの統治制度よりましなものだ。ところが多数派である第三世界の人びとの意思を反映するグローバルな民主制度の確立にはまだまだ遠い。これを世界各地で現在を生きる同世代内部の倫理的な矛盾ととらえ、世代内倫理問題と呼ぶことができる。

　同時に、個人を重視する西欧近代の論理は、その射程が現世代に限定され、世代を超えた生命の継続性には無頓着にすらみえる。たとえば民主制度は人権に含まれる個人の参政権がベースだ。未来世代にも決定的な影響を及ぼす政策が、大人だけによる選挙の結果で決められる。しばしば現時点での利害のみを前提にして現世代の代表たちにより立案・承認・実施されるのだ。今後を担う

図1-2　過去と未来の集団の結節点としての個人

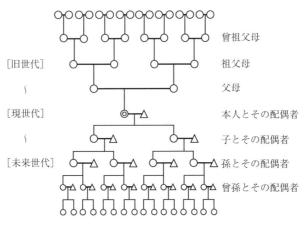

(1) これは本人（◎）の遺伝情報の歴史的な世代継承関係（○は継承者・被継承者）を示す模式図で、文化情報の継承パターンはさらに多様と考えられる。△は各々の配偶者、太線は配偶関係を意味する。
(2) ここではモデルとして配偶者の数を1人、未来世代の子の数を2人としたが、もちろん実際には多様なケースがある。しかし個人が旧世代の集団の結節点として存在し、また未来世代の集団への結節点となりうることに変わりはない。
(3) この図は本稿のために横山が作成した。

出所：岡本三夫・横山正樹編『新・平和学の現在』（法律文化社、2009年）50頁

未成年者たちも、まだ生まれ来ぬ子どもたちも、当然のように意思決定から排除される。世代をまたぐ倫理的矛盾なので、これを世代間倫理問題という。

　環境破壊の深刻化は、先ほどの「今だけ……自分だけ」のカネ儲けが先行し、世代内・世代間矛盾の倫理的歯止めが効かなくなった表れではなかろうか。

　個人とは、別個の人格と個性とをもって自立した存在のようでありながら、実は過去の何万世代にもわたる数えきれない人びとと、未来（それがまだ残されているなら⁉）の無数の子孫たちとの間の、ひとつの結節点にすぎない（図1-2）。私たち一人ひとりが、個人と集団という緊張をはらんだ二重性、そして過去から未来への歴史的連続性を背負って生きる存在なのだ。人権を考えるとき、この二重性と歴史的連続性を忘れてはならない。

5　暴力と「不条理な苦痛」減少への方向転換

　暴力は人びとに苦痛をもたらすが、すべての苦痛が暴力の結果とはいえない。

　スポーツ選手のトレーニングや宗教家の厳しい修行などは、時にかなりの苦痛だろう。本人が自発的・意識的に努力を重ねているのなら、それは苦痛であっても納得のいくものだ。目標へ向かって自ら選択したその努力は、いずれ報われるはずだからだ。

　これに対し、意にそわぬまま押しつけられた苦痛もある。それを不条理な苦痛と呼ぶ。

　ここで不条理な苦痛をめぐる市井三郎の議論を紹介したい。

　市井は著書『歴史の進歩とはなにか』（1971年）で、従来の「最大多数の最大幸福」をめざす指向に替えて、「各人が、自分の責任を問われる必要のないことから負わされる苦痛」＝「不条理な苦痛」を減らさねばならない、という価値理念を提唱した[12]。

　市井のいう不条理な苦痛は暴力の結果生じる。ある人が到達できたはずの状態実現を阻まれたときに受けるのが不条理な苦痛だからだ。かりに当人が瞬間的に生命を奪われたとしても、意識を失って「植物状態」にされた場合でも、不条理な苦痛はその家族や親しい友人たちを襲う。

(1)　まちまちで気まぐれな「快」

　従来の「歴史の進歩・発展」観は、幸福あるいは「快」の量を増すことを指向してきたが、これには古代ギリシャの哲学者エピクロス（前341-270年）から近代の思想家ジェレミー・ベンサム（1748-1832年）までが解くことのできなかった大きな難点がある[13]。「快」の量的な把握、ことに個人ではなく、社会の多くの人びとの「快」の総量把握が不可能という問題だ。「最大多数の最大幸福」をめざすといっても、そもそも「最大幸福」という目標の存在自体が疑問視されるのだ。

市井は次のようにいう[14]。

　主観的な心地よさ（快）なるものは、あまりにも人々によってちがいすぎるだけではなく、同一の人間にとっても、ある欲求の充足がつづくと、それをもはや同じような心地よさとは感じなくなるのだ。だからある社会の多数の成員の心地よさ＝満足＝幸福＝「善」なるものを間断なく増大させようとすれば、何人かの当の社会の成員は、少なからぬ苦痛をともなう努力——心地よさ＝快＝幸福などと直接的には異なる努力——をあえてひき受けねばならなくなる。

「快」の代表例の食べ物でも、何を好むのかは、文化によって、また個人によって違う。同じ人でも時や体調次第で欲するものも異なる。好物でも毎食、そして毎日続いたらイヤになる。ほかに、オモチャ、服やバッグ、スマホやパソコン、クルマなども、入手した時点では大満足だったものが、だんだん飽きたり、ニューモデルが欲しくなったりする。こうした陳腐化を促す販売戦略に乗せられもする。「快」はまちまちで、かつ、気まぐれだ。

　対して、苦痛には文化・個人・状況による違いがずっと少ない。ケガや病気。拘束され自由を奪われること。住み慣れた家や土地から追い出されること。そして愛する存在を失うこと……。辛さ、痛み、苦しみは万人に共通の感情なのだ。

(2)　普遍的な「苦」減少へ方向を逆転

　だから「快」を増やすより「苦」を減らすよう、めざす方向を逆転したらどうかと市井は以下のように提案する[15]。

　人間の歴史的・社会的生活において、より普遍的に経験されているのは、「苦」の方であって「快」ではない。「快」の経験が人によってちがうという分散度よりも、ある特定の時代に多くの人々が共通して体験するいわば苦痛の集中度のほうが、より重大なのではなかろうか。……したがって……「快」の総量をふやすことを指向するよりはむしろ、それぞれの時代に特有な典型的「苦」（痛）の量をへらす、という方向へ視座を逆転すべきではないのだろうか。（傍点は原著者）

　このように「不条理な苦痛」概念を軸とする市井の議論は、「快」への従来の指向を180度転換して、「苦」を減らすとした点に特徴があった。この逆転に

より、論の普遍性の獲得に市井は成功した。これは「善」としての平和をその反対概念である暴力の側から定義し、暴力を減らしていこうとするガルトゥングの方法とも重なるものだった。[16]

「快」とは豊富な物資やサービスの享受をしばしば意味する。すなわちそれは「豊かさ」であり、それを実現するのが経済成長だと考えられてきた。

戦後日本の高度経済成長は水俣病などに代表される深刻な公害の発生と結びついていた。公害・環境問題はしばしば開発と一体になって発生した（第3章を参照）。開発政策は経済の拡大、大型の工場や建造物の増加を「快」を増やすものとして常に指向する。

日本からの第三世界むけODA（政府開発援助）も相当部分がこうした事業にあてられてきた。ところが地元住民の多くにとって、これらは土地収奪・環境破壊などの不条理な苦痛を増大させ、今ある格差を広げる暴力でしかなかった。ここにおいても「快」を増やそうとするのではなく、公害防止や農地改革など苦痛・暴力を減らすような、指向の逆転こそが求められている。[17]

暴力の全容を把握し、克服をめざすのが平和への道筋だ。次章で取り上げるように、経済格差は構造的な暴力の表れなので、大きく偏った所得を一部分だけお裾分けのように再配分して「快」を少しでも届けようとするよりも、「苦」を減らす、つまり格差を生み出す構造そのものを変えていくことこそが平和実現への本筋となるのだ。

1) 第2回国際平和研究学会（International Peace Research Association-IPRA、スウェーデン・テルブルグ、1968年）報告でインドの研究者スガタ・ダスグプタ Shri Sugata Dasgupta（1926-84年）により提唱された用語。詳しくは、川田侃『国際学Ⅲ　平和研究』（東京書籍、1996年）57-72頁を参照。
2) Johan Galtung, "Violence, Peace, and Peace Research", Journal of Peace Research, Vol. VI, No. 3, 1969, pp. 167-191.（http://www2.kobe-u.ac.jp/~alexroni/IPD%202015%20readings/IPD%202015_7/Galtung_Violence,%20Peace,%20and%20Peace%20Research.pdf）本章における訳文は横山による。この論文の邦訳には、ヨハン・ガルトゥング、藤田明史編訳『ガルトゥング平和学の基礎』（法律文化社、2019年）の第2章（6-48頁）などがある。ガルトゥング（1930年-）はノルウェー出身の平和研究者、トランセンド・インターナショナル（https://www.transcend.org/）を創設・主宰。なおガルトゥングの平和・暴力論は、広島修道大学名誉教授で平和研究者の岡本三夫（1933-2019年）によっ

て論文「平和学の地平」（初出『四国学院大学論集』33号（1975年）、後に岡本『平和学―その軌跡と展開』（法律文化社、1999年）に第1章として所収）で早期に紹介されていた。

3) Ibid., p. 168. ガルトゥング・前掲注（2）8‐9頁。

4) Ibid., pp. 169, 182. 同書、9‐10頁、および33頁。

5) E・J・スターングラス（反原発科学者連合訳）『赤ん坊をおそう放射能』（新泉社、1982年）96頁。この原著 Ernest J. Sternglass, *Low-Level Radiation* は1972年に Ballantine Books から出版され、さらに米国スリーマイル島原発事故（1979年）の後、1981年に増補版 *Secret Fallout: low-level radiation from Hiroshima to Three-Mile Island* が McGraw-Hill 社から刊行された。後者についてはその全文がウェブ公開されている。（https://ratical.org/radiation/SecretFallout/）

6) Galtung, op. cit., p.169. ガルトゥング・前掲注（2）9頁。

7) Ibid., p.187. 同書、41頁。

8) Ibid. 同書同頁。

9) 農林水産省「原発事故による諸外国・地域の食品等の輸入規制の撤廃・緩和」（https://www.maff.go.jp/j/export/e_info/pdf/kisei_gaiyo_ja.pdf）。

10) 国連広報センター 世界人権宣言テキスト（https://www.unic.or.jp/activities/humanrights/document/bill_of_rights/universal_declaration/）。1948年12月10日、国際連合第3回総会で採択された。

11) 国連では、「発展の権利に関する宣言（Declaration on the Right to Development）」が1986年に総会によって採択され、また「先住民族の権利に関する宣言（Declaration on the Rights of Indigenous Peoples)」は2007年に、同じく総会にて採択されている。国連広報センター 発展の権利（https://www.unic.or.jp/activities/humanrights/promotion_protection/development/）および先住民族（https://www.unic.or.jp/activities/humanrights/discrimination/indigenous_people/）を参照。

12) 市井三郎『歴史の進歩とはなにか』（岩波新書、1971年）146-147および208頁。市井三郎（1922-89）は哲学者、元成蹊大学工学部教授。

13) 市井は「個々の人間には単純に感性的な次元からの『あれがいい』『こうあってほしい』という欲求・願望が生じるものだ……その欲求を満たすことができれば、『快』つまり当人にとっての心地『よさ』＝『善』(goodness) が結果するのは自明である」と述べた上で、「個々の人間の主観的な心地『よさ』を論ずる」のではなく、「その主観的な心地『よさ』なるものが、どのようにして相互主観的（つまり社会的）な『よさ』＝『善』となりうるか、という問題」を提示した（同書、138頁）。要するに、多数の人間における「快」の相互調和を考えるところに難しさがあるのだ。

14) 市井・前掲注（13）139頁。

15) 同書同頁。

16) 横山正樹『フィリピン援助と自力更生論―構造的暴力の克服』（明石書店、1990年／改訂新版1994年）19-20頁。

17) 同書同頁。

第2章

構造的暴力の発見とその克服プロセス

横山　正樹

1　飢餓は暴力か?

　お腹を空かせた子どもがいて、やっとの思いで一個のパンを手に入れたとしよう。そこに大人が来て力づくでパンを奪い取ったなら、これは誰の目にも暴力とわかる。ところがより広くみられるのは、腕力による横取りなどなくても、多くの子どもの手に、そして親たちにも、食べ物が行き渡っていない現実だ。食糧不足は栄養不良に直結し、子どもの成長を阻害する。ひどい場合には死という結果すら招く。

　これまでも世界各地で頻繁に深刻な飢餓状態が生じてきた。

　1986年、フィリピン中部のネグロス島。主要産業の砂糖の価格が暴落し、多くの砂糖キビ農園が倒産、あるいは作付け中止や縮小に追い込まれた。ただでさえ厳しい暮らしの糖業労働者たちは仕事を失い、食事も満足にとれない苦境にあった。家族が飢えるとき、体力のない子どもたちがまっさきにダメージを受ける。直接に飢えで死ぬより、身体の抵抗力が弱まって、風邪などの悪化で簡単に命を奪われてしまうのだ。

　救援活動に参加していた私は、町の公立病院に収容されただけでもラッキーと考えられる痩せ細った子どもたちを病室に見舞った。次に近所のマーケットに足を運んでみる。驚くことに、そこは米も野菜も肉も魚も、あらゆる商品が豊富に出まわる別世界だ。同じ地域に食糧がふんだんにあっても、買うお金の

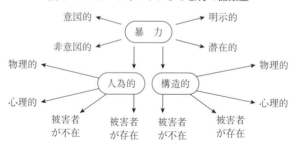

図2-1　ガルトゥングによる暴力の諸類型

出所：Johan Galtung, "Violence, Peace, and Peace Research", *Journal of Peace Research*, Vol. Ⅵ, No. 3, 1969, p. 173. ただし訳は横山による

ない人たちはとことん飢える。

　パンを奪って子どもを死に追いやったのが暴力なら、パンを買えずに飢えた子どもが死ぬのも暴力ではないか。単なる自然現象などではない。社会の仕組みに深く結びついた暴力だ。ガルトゥングはこれを構造的暴力と呼んだ。

2　構造的暴力の発見

　ガルトゥングは前章で定義された平和と暴力の分析をさらに進めて、一般的に暴力と認識されている人為的で直接的な暴力のほかに、構造的ないし間接的な暴力の存在を発見した。

　暴力、つまり潜在的実現可能性の発現を妨げる影響には、加害者・被害者・影響のありよう——という3つの要素があって、そこから以下の6通りの類型化が可能となる（図2-1）。[1)]

　①物理的あるいは身体的暴力と、心理的暴力、
　②ある行動を禁止するような制裁的暴力と、それとは逆に、ある行動を選択的に促すような誘導（助長）的暴力、
　③直接的被害者の存在する暴力と、社会への示威や威嚇の場合のように特定の被害者が不在の暴力、
　④加害者の存在する暴力と加害者不在の暴力、

⑤意図的な暴力と意図的ではない暴力、
⑥観察できる顕在的暴力と、見えにくい潜在的暴力。

(1)　加害者不在の暴力？

　なかでも重要なのが、④加害者の存在・不在だ。加害者の存在するような暴力を人為的（パーソナル）なあるいは直接的暴力 personal or direct violence、行為者の存在しない暴力を構造的あるいは間接的暴力 structural or indirect violence とガルトゥングは表記するのだが、煩雑なので、主として直接的暴力と構造的暴力という用語をここでは用いることにする。

　ここでパーソナルな暴力とは孤立した個人（パーソン）による暴力という意味では必ずしもない。集団の一員としての組織的な行動であっても、その暴力をたどれば直接手を下した個々の人間の行為に結びつけることができるという意味だ。よって戦争は直接的暴力（の集積）と理解される。

　直接的暴力の行為者は具体的個人や集団だが、構造的暴力において「暴力は構造に組み込まれ、不平等な力関係として、またそれゆえにライフチャンスの不平等として現れる[2]」。

(2)　構造的暴力としての格差問題

　こうした不平等をここで格差と呼ぶことにする。格差には、社会における意思決定権をめぐる力関係の差＝権力格差と、生活物資やサービスがどれだけ手に入るかというライフチャンス（生活・生存機会）上の差＝経済格差の両面がある。

　権力格差と経済格差は互いに結びついて存在する。物資分配の決定権が平等ではないと、生活物資の不平等を招く。識字・教育機会も平等とはならず、医療なども特定の地域や階層に偏る。また所得の低い者たちは教育や健康面で不利なだけでなく、しばしば権力においても弱い立場にある。権力格差・経済格差とも構造的暴力が現れたものなので、構造、つまり社会の仕組みを変えずに格差だけをなくしていくことはできない。

　ところが構造的暴力は社会の仕組みとして成立し、封建社会では領主らによ

る農民の搾取が、帝国主義の時代には植民地の収奪が、資本制社会では賃労働によって生み出された利潤の資本家による取得が正当化されていた。これらの仕組みを変えようとしたのが市民革命であり、植民地解放の闘いや労働運動だった。

　かつての南アフリカにおけるアパルトヘイトをはじめ、多様な人種・性・出自・心身の不自由などにかかわるあらゆる差別もまた被差別者の潜在的実現可能性発現を明らかに妨げる。よって社会的差別も構造的暴力であり、特定個人による差別的言動は構造的暴力を背景とした直接的暴力にほかならないことがわかる。企業で働く正社員と、派遣社員など非正規労働者（外国人研修生・労働者を含む）や激増しているウーバーイーツなどの個人事業主との大きな待遇格差もまた現代社会が作り出した構造的暴力だ。

　構造的暴力が権力・意思決定権の不平等な行使により現れるのだから、その是正が必要となる。少数者に多数意思を押しつけるのではなく、たとえば先住アイヌ民族の土地や河川の資源管理権回復などを含む徹底した民主政治の実現³⁾は構造的暴力克服の重要な課題だ。

　このように社会階級の廃絶、植民地状態や差別からの解放、民主政治の実現など、人間社会の仕組みに内在する問題のすべてを構造的暴力の克服という課題としてとらえることも可能となった。

　格差はさまざまな社会内部に存在するだけでなく、国内外の社会相互の間にもある。ことに先進工業諸国と第三世界⁴⁾との巨大な格差は全体として是正が進まず、拡大に歯止めがかからないままだ。こうしてガルトゥングの構造的暴力概念は、世界規模の経済格差問題にも及ぶことになった。

(3)　積極的平和と消極的平和

　構造的暴力をガルトゥングはまた社会的不公正 social injustice とも表現し、構造的暴力の不在を積極的平和 positive peace、これに対して直接的暴力の不在を消極的平和 negative peace と名づけた（図2-2）。⁵⁾

　従来は暴力といえば直接的暴力のみが想定されてきた。激しい企業間競争のなかで過労死する産業労働者を「戦死」と表現するなど、直接的ではない暴力

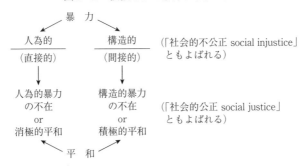

図 2 - 2　拡張された暴力と平和の概念

出所：Ibid., p. 183. ただし訳は横山による

を戦闘になぞらえるのはせいぜい比喩にとどまっていた。ガルトゥングの構造的暴力の発見によって、過労死も構造的暴力と位置づけられるなど、暴力の概念が大きく拡張されることになったのだ。平和とは暴力の不在なのだから、暴力の概念の拡張に伴い平和の概念も拡張される。

　また、積極的平和が社会的公正、あるいは社会正義 social justice を意味することから、しばしば「正義と平和」と並列される 2 つの用語が、平和ひとつにまとめてもよくなる。一般に「正義と平和」といわれるときの平和は戦争のない消極的平和のことで、これに積極的平和を合わせたものがガルトゥングの定義する平和だからだ。

　彼はまた、消極的平和に紛争研究 conflict research が対応し、積極的平和には発展（開発）研究 development research が、相互にかなりの重複部分をもちながらも対応すると指摘した[6]。つまり構造的暴力を克服していくことが開発・発展にかかわる問題という視点が、ここから開かれたのだった。

3　直接的暴力／構造的暴力の区分と相互関係

(1)　相互に独立だが関連も

　それでは人が入れ替わっても同様の暴力構造が続くという意味で、暴力が人の変数ではない構造は存在するか。逆に暴力を構造の変数としない人（たとえ

ば構造にかかわりなく暴力をふるう暴漢）は存在するか。両方ともに答えは YES
だ。そのように述べた上で、直接的暴力と構造的暴力とは理論的には区分可能
であり、相互に独立であって、一方が他方の存在を前提とするものではないと
ガルトゥングは論じた。[7]

　ただし、直接的暴力と構造的暴力の間の因果関係の存在が否定されたわけで
はない。人種差別（＝構造的暴力）社会が大規模な侵略（＝直接的暴力）の結果
とみることのできる例と、暴漢（＝直接的暴力）を構造的暴力の社会に不可避
的な産物とみる例とをあげて、「一方の形態の暴力から他方の形態の暴力が生
まれるかもしれない」とガルトゥングは認める。[8]また、構造が危機にさらされ
たら、その構造の受益者である上層部の者たちは警察や軍隊ほかの組織化され
た直接的暴力を動員して構造を守ろうとするのが常なのだ。[9]

　ガルトゥングは暴力の行使者の存在・不在をもとに直接的暴力と構造的暴力
とを簡潔に定義分けした。さらに、直接的暴力を「他者の行為の直接的結果と
して人間に危害をおよぼす暴力」と彼は規定する。構造的暴力（間接的暴力）
は「諸個人の協調した行動が総体として抑圧的構造をささえているために、人
間に間接的に危害をおよぼすことになる暴力」とも説明する。こうして両者の
間の質的な違いが強調される。ここで重要なのは「暴力が加害者と被害者とを
直接的・人的に結びつけているか、あるいは間接的・構造的に結びつけている
かということであって、加害者と被害者がこの結びつきをどう認識しているか
ということではない。主観的意図ではなく、客観的結果が主要な関心事なの
だ」[10]とガルトゥングは述べている。

　それではこうした暴力の区分に、どんな意味があるのか。

(2)　直接的と構造的で異なる暴力への対処方法

　直接的暴力と構造的暴力では克服の方法が大きく異なる。

　直接的暴力なら加害者が存在するのだから、誰かに襲われかけたら、まずは
逃げることだ。距離をとるだけでなく、可能なら助けを呼んでその人物を捕ら
えたらよい。動きを封じ込め、被害が及ばないようにする。犯罪なら司法に委
ねるのが近代国家での対処法だ。それが戦争・紛争における戦闘状態の場合に

は、第三者の仲介を得て停戦交渉を粘り強く進め、非武装地帯を設けて兵力の引き離しを図る。これは長続きする和平への重要ステップとなる。

　軍事化に歯止めをかけ、核兵器開発・配備を含む軍縮や軍事基地の縮小・廃止をめざす運動も重要で、世界各地においてさまざまな取り組みが続いている（第 4 章の 4 を参照）。

　構造的暴力への対処法はもっと複雑だ。社会構造を形づくる制度の変更と意識の変革が必要となる。法律・法令やその運用実態の改定がまずは重要だ。だが偏見・差別に対して制度変更だけでは限界がある。教育や多様な表現活動を通じて社会規範・意識や文化を変えていかねばならない。

　米国ではそうした長年の努力の蓄積の上に、奴隷解放宣言（1862年）から公民権法の成立（1964年）などをへて、2009年、ようやくアフリカ系大統領一家がホワイトハウスの主となった。それでも人種差別は根深く残り、差別克服への取り組みはいまも続けられている。

4　公害・環境問題はどんな暴力か？

　ここで公害・環境問題を平和学としてどうとらえるのか、暴力としてどう位置づけるのかを考えてみたい。

　ここまでの暴力のとらえ方をベースにして、公害・環境問題を平和学的に定義すると、「人間の活動に起因した環境の改変による暴力」となる[11]。問題は、それを直接的暴力と構造的暴力とにどのように位置づけて考えるかだ。それは当然ながら問題への対策を大きく左右する。

　さきにみたように、直接的暴力は「他者の行動の直接的結果」が、そして構造的暴力は「諸個人の協調した行動が総体として抑圧的構造をささえる」ことで被害者の潜在的実現可能性を妨げる暴力だった。

　ある人物が毒物を水源地に投棄して地域住民や家畜の飲み水が汚染され被害が出たとしたら、それは加害者のいる直接的暴力に違いない。

　大量生産・大量消費の社会で多用されてきたフロンガスが長い年月の間に地球のオゾン層を破壊して有害紫外線量が増加し、皮膚ガンなどの発病を増やし

たとすれば、ある個人の行為との直接的因果関係は特定し難いので、これは構造的暴力と理解されるだろう。

　水俣病などの産業公害においては、被害者たちがしばしば公害企業の経営者を名指しで加害者だと追及してきた。公害被害者からみればその認識は当然で、それなりに説得力をもつ。すると加害者が存在するから、これは直接的暴力なのか。だが、社長・工場長や技師・一般の工場労働者たちがそっくり別人だったならば、問題発生が防止できたり、被害の程度に変化があったりしただろうか。

　おそらく企業の体質や経営の実態という構造が大幅に変らないかぎり、目にみえるような変化は期待できなかったことだろう。その意味で水俣病など産業公害は構造的暴力だった。もちろんこれは経営者や現場の管理職たち、あるいは監督官庁の責任を免除する意味ではない[12]。

5　暴力克服プロセスとしての自力更生

　構造的暴力について学ぶことには大きな落とし穴がある。

　私たちの生きる社会の暴力的な構造をひとまず理解したとしよう。知れば知るほど、それは実に巧妙にできあがっているようにみえる。そんな構造を自分たちの手で変えることなんて不可能と、無力感におちいりがちだ。あとで言及するが、これを構造的暴力の内面化という。

　あるいは、その構造の中で、よりましな位置を占めようと画策する者も出てくる。構造に適応しようとする人のほうがむしろ主流かもしれない。

　どちらも、それでは構造的暴力を維持・強化してしまうだけだ。平和学は既存の社会に順応するための処世術ではない。あきらめずに、平和を作り出す一歩を進めよう。

⑴　不条理な苦痛と暴力への反撃

　すでに第1章でみたように、暴力は潜在的実現可能性と現実との差の原因だ。実現可能性は、ふつう個人ではなく、集団についてのみ把握が可能だっ

た。ことに構造的暴力は直接的（人為的）暴力にくらべて表れ方が抽象的だ。暴力に満ちた社会構造をいくら説明しても、変革へと人びとをつき動かすインパクトは弱い。憤りを感じても、直接の加害者は不在だ。感情をぶつける相手のないままに時の経過の中で憤りは薄れ、忘れ去られかねない。

　しかし苦痛は違う。市井三郎の説いた「不条理な苦痛」（前章）は、生身の身体が苦痛を受けるからこそ、逃げ出すことのできない個々の具体的な状況として問題が現れる。ことにそれが不条理なものならば、人は死ぬほどの苦しみ、辛さの中にあって、怒り、恨み、抵抗し、ときに逆襲すらいとわない。

　これまでさまざまな産業公害や薬害において被害者運動がつくられ、たたかいが続けられてきた。足尾鉱毒・水俣病・薬害エイズや薬害肝炎事件など、大きく社会問題化したケースは多い。すべての運動の核には、当事者たちの受けた不条理で深い苦痛があった。かつて水俣病患者が押し立て加害企業チッソとの自主交渉にのぞんだ「怨」の一字を染め抜く黒い幟は、何よりその苦痛の象徴だった。

(2)　自力更生と集団的自力更生

　暴力の被害者たちは奪われた実現可能性を取り戻そうと、必死に生き抜く。個々の原状回復がもし不可能だとしても、責任の明確化や謝罪だけでなく、社会において危害が二度と繰り返されないように、再発防止の意味のある補償[13]と根本的な再発防止対策とを求める。このたたかいの主体、それは苦痛の中におかれているその被害者たち自身にほかならない。そんなたたかいのプロセスこそを自力更生 self-reliance と呼ぶことができよう。したがって「暴力をその被害者たちが克服するための主体的かつ意識的営為の過程」を自力更生と、ここで定義する。

　この定義は自力更生という用語の従来的な意味内容と共通する面もあるが、かつて中国や北朝鮮で用いられた自立的国家経済建設への国民動員スローガンを意味するものではない。自力更生とは国家や地方レベルの幹部から発動されて大衆が動員されるものではありえないからだ。自力更生の主体はまず苦痛を受けた個人個人であり、それが出発点となる。さらに家族・村落・地域コミュ

ニティーなどに集団的自力更生として広がり、場合によっては国家や、さらに越境して地球社会にまで連帯のネットワークが及ぶ。[14]

　暴力、ことに構造的暴力を受けているのは、個人を超えた社会集団であることが多い。そこで暴力の克服は、多くの場合、暴力に対するその被害者運動という集団的な形をとる。むろん個人の自力更生はベースとして重要だ。そのうえに、取り組みをさらに共同的なものとし、集団的な自力更生を進めなくては、効果的な社会運動とはなりえない。しかも直接の利害関係からは離れた立場の異なる市民たちの支援や世論の支持を得て運動を強めなくてはいけない。そこに市民連帯の必要性がある。これについては第4章でさらに取り上げる。

　しばしば自力更生と同義のように用いられる自立は被支配・従属の反対概念だ。自力更生が過程を指すのに対し、自立はその目標と位置づけることができる。[15]

(3)　構造的暴力の内面化からエンパワメントへ

　構造的暴力の内面化[16]も自己責任論と重なる重要なポイントだ。潜在的実現可能性が発揮できない状態に置かれた人たちは、しばしば差別や理不尽さを、自分の立場ゆえに「○○だから、しかたがない」と受け入れさせるような社会の圧力にさらされている。たとえば「貧乏だから」、「仕事がないから」、「病気だから」、「身体が不自由だから」、「居住地の国籍がないから」、さらには「女だから」……と。

　構造的暴力が内面化されると、自力更生の可能性もみえにくくなってしまう。抵抗が自己規制され、当事者たちの連携も進まない。構造的暴力による受益層にとって都合のよい状態が維持されることにつながる。

　内面化されがちなのは構造的暴力だけではない。直接的暴力、つまりDVとよばれるドメスティック・バイオレンス（Domestic Violence 家族や交際相手など親密な人間関係内の暴力）や各種ハラスメント、いじめなどの場合は、中心に直接的暴力があり、さらに周囲がそれを黙認・増幅するといった暴力の多重構造があって、無力感のうちに暴力が内面化されてしまうことも多い。

　内面化された暴力と苦痛の不条理さに気づき、対抗していく力を生み出すエ

ンパワメント empowerment が自力更生への出発点となる。共通した状況にありながら立ち上がっている被害者たちの存在を知り、その運動に接することがエンパワメントへの突破口となることも多い。被害者たちは、もはや気の毒な犠牲者や救済の対象にとどまらず、自力更生を通じてサバイバー survivor となる。困難を生きのびて、暴力克服のたたかいを未来につないでいく者たちのことだ。

　ガルトゥングの構造的暴力概念は、このように暴力の結果である不条理な苦痛をあわせてとらえてこそ現実的な意味をもつ。耐え難い苦痛とその不条理性への怒りが被害者たちを暴力の克服＝自力更生に駆り立て、サバイバーへの共感に根ざした市民連帯をも生み出すからだ。

1)　Johan Galtung, "Violence, Peace, and Peace Research", *Journal of Peace Research*, Vol. VI, No. 3, 1969, pp. 168-174. 邦訳書はヨハン・ガルトゥング、藤田明史編訳『ガルトゥング平和学の基礎』（法律文化社、2019年）8 -18頁。ただし本章における訳文は横山による。

2)　Ibid., p. 171. 同訳書、12頁。

3)　各々の属する部分集団の個別利害を超え、全体にとって少数集団の権利擁護が重要だという共通認識を十分に確立した上で意思決定を行うよう、熟議をかさねるなどの準備を十分に行き届かせる必要がある。

4)　前章では第三世界をかつて植民地とされたアジア・アフリカ・中南米諸国としていた。世界を先進工業諸国と発展途上諸国、あるいは豊かな北と貧しい南に大別する南北問題というとらえ方もある。世界を中心と周辺に二分する考え方もあり、旧植民地宗主国など支配的影響力を行使する中心と、旧植民地・半植民地・従属国とされた周辺が、それぞれ北と南に相当する。これに対し、1950年代末から新興独立諸国が台頭し、第三世界 Le Tiers Monde、すなわち米ソ両超大国の世界支配を揺るがす第三勢力として注目されるようになった。フランス革命の主体であった第三身分 le tiers etat になぞらえ積極的な意味が込められたこの表現を本書では主に用いている。なお米ソ超大国を第一世界、それ以外の先進工業諸国を第二世界、中国を含む旧植民地・半植民地や従属国などを第三世界とする「三つの世界論」が唱えられ、その後ソ連の崩壊や高度経済成長を遂げた中国の覇権国家化などの重要な変化もあった。しかしそれらを踏まえても、地球規模の格差拡大がいまなお進行しつつある現状にてらして、第三世界という概念は大枠として有効と考えられる。

5)　Galtung, op. cit., p. 183. ガルトゥング・前掲注（ 1 ）34-35頁。ここで消極的（ネガティブ）平和という表現には、積極的平和にくらべて軽視するような否定的な意味は含まれない。さまざまな直接的暴力を低減・克服して成り立つ消極的平和は同様に重要な

課題で、両方とも並行して実現に取り組む必要がある。

　なお、第2次安倍政権が2012年に発足してから、日本外交の「立場」として強調してきた「積極的平和主義」は表記上きわめて紛らわしいが、英訳は "Proactive Contributor to Peace" で、「同盟国である米国を始めとする関係国と連携しながら，地域及び国際社会の平和と安定にこれまで以上に積極的に寄与していかなければならない」とするなど、平和主義を掲げる日本国憲法上の制約と矛盾しかねない内容をもち、直接的暴力の克服をめざす積極的平和とはまったく別の考え方に立つものといえよう。外務省Webサイト（https://www.mofa.go.jp/mofaj/gaiko/page22_000407.html）参照。

6)　Ibid. 同書、35頁。

7)　Ibid., p.178. 同書、25-26頁。

8)　Ibid. 同書、26頁。

9)　Ibid., p.179. 同書、28頁。

10)　Ibid., p.178. 同書、25頁。

11)　横山正樹「開発と環境破壊の構造的暴力—平和学としての公害・環境問題」三戸公・佐藤慶幸編著『環境破壊—社会諸科学の応答』（文眞堂、1995年）第4章、94頁。

12)　実際にも、たとえば水俣病刑事事件の裁判では、業務上過失致死傷害罪で起訴されたチッソ元社長と元水俣工場長に執行猶予つきながら有罪という判決が1988年2月29日の最高裁上告棄却によって確定した例がある。最高裁判所判例集サイト（http://www.courts.go.jp/app/hanrei_jp/detail2?id=51209）、および訴訟の内容と一審からの経過については一般財団法人 水俣病センター相思社Webサイト（http://www.soshisha.org/nyumon/soushou.htm）「水俣病事件 主な争訟（裁判や行政不服審査請求）」水俣病刑事事件を参照。

13)　水俣病事件裁判の多くに深くかかわった弁護士・後藤孝典は「高度の悪質性が認められる」公害・薬害事例などの場合に「制裁的慰藉料の額は、制裁までを必要としない場合の慰藉料額の3倍以上を一応の目安とすべき」と、その著書『現代損害賠償論』（日本評論社、1982年）257頁で示している。

14)　横山正樹『フィリピン援助と自力更生論—構造的暴力の克服〔改訂新版〕』（明石書店、1994年、初版1990年）、6、20、42-44頁。自力更生の主体が国境を越えて広く居住したり、当事者同士が地球的ネットワークをつくったりしていることも多い。

15)　同書、25-26頁。なお、個々の条件により、自立にはさまざまな形があっていい。また職をもち安定した社会生活を送る成人男性の健常者が基準とされるような自立を押しつけてはならない。さらに、自立というとき、個人の自己責任論へのすり替えを許してはならず、この用語を使用するには十分な注意を要する。

16)　構造的暴力の内面化については、岡本三夫・横山正樹編『平和学の現在』（法律文化社、1999年）第14章の戸田三三冬「4構造的暴力の内面化と自己概念」、そして、同章で言及されている、森田ゆり『エンパワメントと人権』（解放出版社、1998年）などを参照。

第 3 章

公害・環境破壊と開発主義の暴力

横山　正樹

1　経済開発は公害発生が前提か？

　開発と環境とは不可分の関係にある。

　明治期日本の「富国強兵・殖産興業」をスローガンとする経済開発政策は、足尾銅山鉱毒事件をはじめ数々の公害問題を引き起こした[1]。戦後の高度経済成長の下でも各地で環境破壊が進行し、それはまず大規模な産業公害事件として表面化した。四大公害裁判として知られる熊本と新潟の水俣病・イタイイタイ病・四日市公害はその典型だった[2]。

　著名な公害研究者だった宇井純[3]は「公害は高度経済成長のひずみとして生じた結果ではなく、逆に公害の無視が高度成長を可能にした構造的な要因」と述べ、具体的には戦後のパルプと鉄鋼業の例をあげて、企業が公害防止のための投資を省略・節約して直接生産設備へ投資を集中させ、利益回収を早めたことを指摘している[4]。

　港湾都市への鉄鋼・重化学工業の集中立地は投資効率を高めるとともに、国際的には日本製品の価格競争力を飛躍的に強化した。ベトナム戦争特需など外的な要因とならび、これは高度経済成長の内的要因だった。人口集中地を含む各地での公害たれ流しがその前提だったことはいうまでもない。

　戦後日本の多くの企業は、生産過程内部で本来処理すべき汚染物質などの環境破壊要因を外部に出し、全国各地で悲惨な公害を引き起こした。汚染除去と

いう費用（コスト）の負担をまぬがれ、それを外部化できたからこそ発揮できた国際競争力――日本の高度経済成長の秘密はまさにこれだった。このように環境破壊と地元住民の人権を無視して不当に安い製品販売価格を実現すること、それがエコロジカル・ダンピングだ。[5]

(1) 公害抜きには不可能だった高度経済成長

　公害は開発の条件であり、機械設備の予期せぬ欠陥や工場操業上の不注意から生じた、単なる工業化の副産物などではなかった。たまたま開発のやり方がまずかったから方法を改善すればいいといったものではない。公害抜きの高度経済成長など、もとよりありえなかったのだ。

　日本の経験した経済開発の過程は、1980年代以降に新興工業経済諸地域（NIEs）と呼ばれた韓国・台湾等、そしてそれを追う東南アジア諸国および中国でも、さらに圧縮された時間の中で、そっくり繰り返されている。しかもそこには日本など各国の政府開発援助（ODA）、その他の政府資金（OOF）や民間資金（PF）がからむ。[6] 開発資金の提供には公害など開発の負の結果への責任も伴う。加えて公害型産業の海外への移転や有害製品・有毒廃棄物の輸出など、明らかに公害輸出というべき事例も続出した。1960年代以降、一気に問題化した日本国内の公害事件と比較して、事態はいっそう複雑化している。

　公害・環境問題は昼夜の別なく日々深刻な危害を人びとに及ぼす。進行中の被害をくいとめ、再発を防止するための一刻も早い具体策が必要だ。また同時に原状回復と被害者への正当な補償、そして問題を未然に防ぐため、社会の仕組みを変えていく法改正なども図らねばならない。いずれも肝心なのは被害者の視点に立つことだ。公害・環境問題は被害者にとって暴力にほかならない。こうした理解を、取り組みの基本にすえるべきだろう。

(2) 地球環境サミットと以降の締約国会議（COP）

　国際社会で公害・環境問題の重大性が叫ばれるようになって久しい。1972年には初の国連人間環境会議がストックホルムで開かれ、高度経済成長のピーク時にあった日本から水俣病患者らも参加して産業公害の危険を訴え、国際的に

注目を集めた。

　それから20年目の1992年、さらに地球規模のものとなった問題関心を背景に、国連はブラジルのリオデジャネイロで地球環境首脳会議を開催（リオ・サミット）、気候変動に関する国際連合枠組条約を採択した（発効は1994年3月）。

　1995年以降、同条約締約国会議（COP）が毎年開かれ、京都議定書（COP3 1996年）、パリ協定（COP21 2015年）、スウェーデンの若い環境活動家グレタ・トゥンベリの演説が注目されたCOP25（2019年）など、さまざまな議論、合意、宣言、行動計画が重ねられて今日に至る。

　リオ・サミットを契機に、経済発展（開発）と環境をめぐる諸問題が大きく浮上した。①オゾン層破壊や地球温暖化などの広域の課題、②森林伐採や砂漠化といった環境破壊、③公害輸出、つまり国境を越える公害工場の移転や廃棄物輸出、等々だ。こうした開発と環境をめぐるジレンマを反映してリオ・サミットで提唱されたのがサステイナブル・ディベロップメント（持続的ないし永続的発展）というテーマだった。

　本章では次節でまずマレーシアとフィリピンへの意図的な公害輸出の具体例を取り上げる。次に経済発展のため公害防止費用を企業が内部で負担せずに外部へ転嫁して発生させる社会的費用ないしアンアカウンタブル・コストの問題性を指摘する。コストのしわ寄せに直撃されるのが貧困層であって、開発が格差拡大を招く矛盾を正当化し、社会が容認するよう仕向けてきた仕掛けである開発主義とトリックルダウン仮説の虚偽性を第4節で解明する。もって環境破壊を現代における第三世界と未来世代からの収奪＝構造的暴力として理解するとともに、どのように対応すべきかを考えてみたい。

2　マレーシア日系企業 ARE 社の放射能公害事件

　日系合弁企業エイジアン・レアアース（ARE）社は1982年、マレーシア国ペラ州の州都イポー市郊外にある中国系住民の村ブキメラに工場を設置し、同年7月に操業を開始した。電子部品類の製造に不可欠な希土類（レアアース）を近隣のすず鉱山から出る鉱滓中のモナザイトから抽出し、日本などに輸出する

ためだ。ARE 社の主な株主は三菱化成（現・三菱ケミカル）とマレーシア企業および州政府系財団だった。[8]

(1) 裁判と工場閉鎖・撤退へ

　問題は工場廃棄物に放射性物質のトリウムが含まれていたことだ。放射線をあびたり、放射性物質を微量でも体内に取り込んだりすると、細胞の遺伝子が損傷され、白血病や各種のガン発症に結びつきかねず、遺伝性の問題も懸念される。核燃料物質という意味からも、トリウムは管理が必要だ。希土類を抽出した後には、このトリウムを約14%含む廃棄物が大量に残る。[9]その貯蔵に反対する住民運動は操業当初から根強く展開され、署名集めやデモ・ハンストなどの抗議行動の結果、廃棄物貯蔵用地は計画変更を重ねる。1985年2月、住民たちは ARE 社の操業と廃棄物貯蔵の停止を求めてイポー高裁に提訴した。

　この間、1984年12月と1986年9月に埼玉大学教授（当時）市川定夫が現場を訪れ、環境放射線レベル測定によって危険性を立証する報告書を作成した。これが住民側証拠の鑑定書として裁判所に提出されるなど、日本とマレーシアの市民的連携に基づく住民運動への協力が始まった。[10]

　ARE 工場の操業につれて周辺住民たちは深刻な健康被害に見舞われた。ペナンの病院に勤務する医師ジャヤバランはブキメラで健康調査を行った。すると、流産または新生児死亡がマレーシア平均の3倍、子どもたちの白血球減少や血中鉛量が異常に高いことも判明、死亡を含め幼児性白血病患者が3名、小児ガン1名、先天性障害児4名が発生、これは平均の40倍の発症確率という。[11]

　1992年7月、イポー高裁は住民側の主張を認めて ARE 社に工場の操業停止を命令し、日本のマスコミもこれを大きく報じた。[12]しかし同社は最高裁に控訴、93年12月、抜き打ちの判決公判で会社側逆転勝訴となる。[13]それにもかかわらず会社側は翌月、工場の閉鎖と ARE 社の解散を発表した。[14]

　マレーシアの最高裁は高度に政治性を帯びていて、国策として誘致された日系企業を擁護する判決が下されたこと自体、驚くにはあたらない。むしろ逆転判決にもかかわらず三菱化成が撤退せざるをえなかったことは、ブキメラ住民の実質的勝利を意味する。同時にこれは民際（市民による国境を越えた）連帯運

動の勝利でもある。だが放射性廃棄物は撤去されずに残された。

(2)　公害輸出の意図性を企業側が表明

この ARE 社による放射能汚染は、単なる公害事件ではなかった。

当時日本では公害の深刻化に伴う社会的関心の高まりを背景に、1968年、原子炉等規制法が改正され、核原料物質モナザイトの使用に厳しい規制が新規に設けられた。モナザイトの輸入停止はこの時期にほぼ一致する。[15]

重信多三夫 ARE 社長（当時）を含む業界関係者の共著書『レア・アース』は「公害に追われた日本のモナザイト」と表題をつけて、この間の事情を「放射能および薬品などの公害問題の対策を十分に考慮せねばならないので」「公害発生防止の立場から……原鉱そのものの輸入はなくなり……粗塩化希土の形で輸入して処理している」と説明する。[16]

輸入は停止されても、希土類の必要は続く。その安定供給確保には原料輸出国であったマレーシアに生産拠点を移転すればいいと三菱化成は考えたのだろうか。その視野に、マレーシアでの公害発生はまったく入っていない。同社は1972年7月に四日市公害訴訟で敗訴した上、控訴すら断念に追い込まれた公害企業でもある。国内での操業が不可能になった、あるいは経済的に引き合わなくなった公害発生工程を海外に移転し、撤退後も現地住民たちを放射能の健康リスクにさらし続けたわけだ。

(3)　川鉄フィリピン焼結工場との類似性

1970年代後半以来、典型的な公害輸出として批判され、対応を迫られた事例に、川崎製鉄（略称・川鉄、現・JFE スチール）のフィリピン・ミンダナオ島焼結工場の建設・操業問題がある。[17]

1975年5月、千葉市の公害病認定患者とその遺族らで構成する千葉川鉄公害訴訟原告団は川鉄を相手取り、健康被害に対する損害賠償請求と川鉄千葉製鉄所の6号高炉の建設差し止めを求める公害訴訟を千葉地裁に起こした。川鉄側は同年9月の同訴訟第一回口頭弁論で、硫黄酸化物、窒素酸化物の主要発生源である焼結工場の増設をせず、「焼結工場を……海外に建設することとし、

もって硫黄酸化物の発生を根本的に防止する方策をとることとした[18]」と言明する。国内でダメなら海外へというこの発想は三菱化成の場合となんと似通っていることか。川鉄の先行事例にてらしてみても、三菱化成のARE社操業による公害事件が同質の公害輸出にあたることは明らかだ。どちらも日本国内における公害反対世論の高まりを背景とした被害住民の裁判提訴あるいは政府の規制強化によって国内操業が困難になり、東南アジア諸国に公害発生工程を意図的に移転した事例だった。

3　社会的費用とアンアカウンタブル・コスト論

　経済学者・宇沢弘文は著書『自動車の社会的費用』において「自動車の普及ほど、戦後日本の高度経済成長の特徴を端的にあらわしているものはない[19]」と述べている。自動車を例に取り上げながらも、この書の真のテーマは経済成長あるいは経済発展とその社会的費用についてだった[20]。

　自動車通行には公害・事故をはじめとする社会的害毒が大きいにもかかわらず、自動車の保有台数は伸びていく。こうした「社会的費用の発生は資本主義経済制度のもとにおける経済発展のプロセスにかならずみられる現象」でありながらも、「発生する社会的費用を十分に内部化することなく、第三者、とくに低所得者層に大きく負担を転嫁するようなかたちで処理してきたのが、戦後日本経済の高度成長の過程の一つの特徴」と宇沢は指摘する[21]。これは先述の宇井による指摘とも重なる。

(1)　社会的費用の弱者への転嫁と格差拡大

　経済発展は、①社会的費用を発生させて市民的権利を侵害し、さらに、②費用をより弱い立場の者たちにしわ寄せすることで、すでにある経済格差を拡大してしまうのだ。

　宇沢は「産業公害の問題をはじめとして、さまざまなかたちでの社会的費用の発生は不可避なものであっただけでなく、このような社会的費用を第三者、とくに労働者あるいは低所得者階層に転嫁することによって、はじめて資本主

義的な経済制度のもとでの経済発展は可能であった」と結論する[22]。つまり産業公害等の社会的費用を第三者に転嫁し、すでにある格差をいっそう拡大することが、日本の高度経済成長のような経済発展の前提条件というわけだ。

環境経済学者・寺西俊一によると、公害・環境問題は企業や行政システム内部の「合理的判断」によってシステムの外側に引き起こされた悪影響の一部だ。

たとえば1960年代の四日市の場合は、高度に計算されつくした大規模重化学コンビナートにおいて、硫黄分を多く含む石油を火力発電所で燃やすとともに石油化学工場の原料とした結果、硫黄酸化物などで大気汚染を激化させた。視点さえ変えれば予測できた公害とそれに伴う地元住民の健康被害を、企業も行政もまったくアカウント（経済計算に算入）しなかったのだ[23]。

(2) アンアカウンタブル・コスト

「従来の我々の意思決定は、……本来正確にアカウントしなければいけないはずのコストや……価値を認めて、それを保全するだけの手当てをした上で考えなければならないアンアカンタブル（ママ）なバリューやコストの適切な評価に基づいて、合理的に何をなすべきか……判断するようなシステムというのを欠いてきた」と寺西はいう[24]。

寺西は触れていないが、アカウンタブル（accountable）とは単に「経済計算に算入しうる」というだけではなく、「責任のある」との意味もある。信託を受け、それに説明責任をもって応えるということだ。アンアカウンタブルとはこれら一切を無視した無責任状態にほかならない。本来経済計算に含めて負担されるべき悪影響への対策コストを、都合よく、なかったことにして、利潤・便益を追求することが、企業や行政に対してたびたび許されてきた。やむにやまれぬ状態に追い込まれた被害者の運動によって強制されないかぎり、対応はなされない。計算に含めないで他者にしわ寄せされる無責任コスト、これがアンアカウンタブル・コストだ。

寺西は「きちんと環境に係わる価値というものを社会的に評価し、それに加えて環境に与えるマイナスのダメージもきちんとコストとしてあらかじめアカ

ウントし、そして必要な対策にはあらかじめプリペイドしていく[25]」システムが必要だと結論づける。こうした重要な課題を寺西は指摘するのだが、そこにとどまり、それがなぜ実現できないのかには踏み込まない。宇沢は「すべての経済活動は多かれ少なかれ、他の人々の市民的権利になんらかの意味で抵触せざるをえない[26]」との前提に立つが、寺西はずっと楽観的なのだろうか。

しかし、これらの議論で肝心なのは、社会的費用のしわ寄せやアンアカウンタブル・コストがどうして発生し、社会によってなぜ容認されるのかだ。そこにはそれを可能にする巧妙な仕掛けがある。これを次に取り上げる。

4 環境破壊と一体の開発主義

これまで豊かさの追求が重要な社会目標に置かれ、国民の多数が豊かな生活を手にした欧米や日本をモデルに、第三世界諸国でも開発が推進されてきた。開発を諸政策の最優先目標に掲げて国家的動員をはかる考え方、あるいはそんな思考の前提が開発主義 developmentalism だ。開発最優先という意味合いから、開発至上主義とも呼ばれる。

(1) ラミスによる開発主義への批判

1949年、米国大統領ハリー・トルーマンはその就任演説で「米国の科学と産業の進歩の成果を低開発諸地域の改善と成長のために役立てるための画期的新計画をわれわれは開始せねばならない」と、「低開発 underdevelopment」という表現を初めて用いた。これが契機となって開発主義が世界的に広がっていく。

ダグラス・ラミスは開発主義を批判して、次のように指摘した[27]。

① 開発主義は戦後の冷戦時代初期に米国の資本進出を正当化するための、進出先諸国民衆や国連と米国市民の中の植民地主義批判勢力へむけた米国政府によるイデオロギー工作だった。
② 開発とは、主として第三世界における「低開発」とよばれる病の治療を目的とした、当該社会の全面的再編をめざす資本制工業諸国の意識的事業と定義される。

③　開発イデオロギーは大成功を収めた。それは第三世界の貧しい人びとを繁栄に導いたという意味ではなく、資本進出の目的が開発にあると人びとに思い込ませたことだ。

④　development の本来の意味は、種が芽をふくような内部に仕組まれた変化の展開のことだ。自然で約束された状況の出現を思わせるこの用語が、人びとの伝統的な生活環境を破壊するダム建設や森林伐採、そして工業化を不可避と思わせるために意図的に誤用されている。

潜在的実現可能性の開花である「内部に仕組まれた変化の展開」こそが development（開発・発展）の原意なのに、その可能性を外部から持ち込む変化によって破壊してしまうことが開発とよばれた。用語の意図的な誤用によって破壊が正当化され、開発の構造的な暴力性が隠蔽されて、開発を国際社会の基本的な共通目標とするイデオロギーが広く流布されてきた。こうして開発主義が確立されていく。

1987-89年に世界銀行上級副総裁を務めたデイビッド・ホッパーは、第三世界での世銀融資事業への批判に答えて、「開発をおこなって利益をえるためには、だれかが傷つくのは避けられないことだ。利益と代償を比べてみると利益のほうが大きいと確信している」と語っている[28]。

開発の利益を誰が得て、誰がその代償を払わされるのか。すべての関係者にこれらが均等にいきわたることはない。事業の主導権は地元の有力者が握っていて大部分の利益を手にし、多くの民は立ち退きを迫られるなどの代償を押しつけられる。その結果、すでにあった権力格差・経済格差が開発によっていっそう拡大されるのだ。この実情をみえにくくする議論が、次に取り上げるトリックルダウン[29]仮説だ。

(2)　トリックルダウン仮説への疑義

日本国外務省経済協力局は1990年の ODA 白書『我が国の政府開発援助』で次のように説明する[30]。

60年代においては、開発途上国の経済成長を支援し、経済の「パイ」を大きくして

いけば、貧困層にその成果が波及していくとの考え方が多かった。トリックル・ダウン Trickle down 理論と呼ばれたのがこれである。我が国は、我が国の戦後復興の経験もあって、この考え方を強く支持してきた。我が国が開発途上国の経済成長を重視し、産業・社会の基盤整備、いわゆるインフラストラクチャーの整備に円借款の供与を主体として大きな貢献をしてきたのはこのような考え方に基づくものであった。

　トリックルダウンは米国の経済学者アルバート・O・ハーシュマンが著書『経済発展の戦略』において指摘したもので、そこでは浸透および分裂効果 Trickling-Down and Polarization Effects として、2つの異なる変化がセットで提示されている[31]。

　外務省の議論においてすぐに気づく特徴は、トリックルダウンに言及しても、決して分裂効果には触れないことだ。ハーシュマンにおいて両者は一組の概念であるにもかかわらず。

　ある地域に外部資金を投入して経済成長を図ると、他地域との間には格差が生じ、あるいはすでにある格差が拡大する。他地域へも成長が波及して格差は縮小するとハーシュマンが保証しているわけではまったくない。分裂効果のほうが強く働いて、地域格差は拡大の一途を辿るかもしれない。

　前掲の ODA 白書は「我が国の戦後復興の経験」をトリックルダウンの例にあげていたが、その実現の基礎には敗戦後の農地改革実施や財閥解体、累進課税などがあった。当時は所得の平準化が政策的に促進されて庶民の購買力向上や高等教育の普及が進み、経済成長を支えたわけだ。ところが第三世界諸国のほとんどはこうした条件を欠いている。大地主制・民衆の貧困による国内市場の狭さ・富裕層による海外への資金逃避などの諸要因が経済成長の波及をはばむ。むしろ分裂効果が浸透効果を圧倒しかねない。

　ほかにも現実に合わないと批判の多いこのトリックルダウン仮説だが、近年でも開発政策の正当化にしばしば援用される。たとえば日本の ODA 案件はその多くが「トリクルダウン」によって「貧困削減を導く」と説明されていた[32]。また日本経済でも、第2次安倍政権（2012年-）の看板政策とされたアベノミクスにつき、もはや所得平準化政策は転換されて久しいのに、その「第1の矢によるトリクルダウン効果がより具体的に現れて国民生活を潤している」と同政

権ブレーンで経済学者の浜田宏一は言明した[33]。

　以上、本章では日本の高度経済成長期の経験や公害輸出の諸事例を示した上で、経済発展に不可避の社会的費用発生がアンアカウンタブル・コストとしてより弱い立場の人たちへ公害など不条理な苦痛として転嫁されてきたこと、開発主義とそれを支えるトリックルダウン仮説が、そのような経済政策を正当化してきたことなどを解明した。これらは人びとの潜在的実現可能性を奪う暴力であり、巧妙に仕組まれた構造的暴力だったことが理解されよう。

　格差拡大と環境破壊に歯止めをかけるには、第三世界や未来世代へ転嫁されてきた開発のコスト全体をきちんとアカウントし直し、企業や国の内部で正当に負担されるよう仕組みを切り替えなければならない。

　いま、これまで積み上げてきた開発という企ての解除 undoing こそが課題として浮かび上がった。この社会で物心ついて以来あらゆる教育やマスコミ情報を通じて刷り込まれ、私たちの発想の深部に棲みついてしまった開発主義——これにまず気づき、意識の上で相対化すること、つまり開発主義からの脱却が、何よりも必須なのだ。次章では格差拡大と環境破壊の問題に私たちがどう取り組み、永続可能で平和な社会をどのようにつくりあげていくのか、考えていきたい。

1)　飯島伸子編『公害・労災・職業病年表』（公害対策技術同友会、1978年）を参照。
2)　四大公害裁判は、1971-73年に、いずれも被害者側の勝訴で決着した。
3)　宇井純（1932-2006年）は水俣病などの研究で知られる公害問題研究者、水処理技術者。1970年代に東京大学助手として東大自主講座「公害原論」実行委員会を組織し、各反公害運動現場の経験交流と公害反対世論の喚起に大きな役割を果たす。のちに沖縄大学教授も務めた。
4)　宇井純「日本産業と公害」宮下武平・竹内宏編『新版 日本産業論』（有斐閣、1982年）第 7 章、217-218頁。
5)　1970年代半ばまでの高度経済成長期には、日本が公害対策を省いて安価な工業製品の輸出攻勢をかけたとして、欧米諸国からエコロジカル・ダンピングと批判されたが、その後インドネシアやカナダより地元環境と住民の人権を無視して切り出された木材による安い合板や製材の主要輸入国として、エコロジカル・ダンピングを監視する国際社会から日本への厳しい目が注がれていた（熱帯林行動ネットワークのパンフレット「森林浪費はなぜ起こる？」（1993年）より）。

6) 経済開発へ向けた資金の流れには、経済協力開発機構（OECD）の開発援助委員会（DAC）が定義する政府開発援助（ODA）、その他の政府資金（OOF、たとえば、ODAより金利の高い商業的とみなされる投資や融資等が含まれる）や民間資金（PF）がある。詳しくは OECD（http://www.oecd.org/dac/financing-sustainable-development/development-finance-standards/official-development-assistance.htm）や国際協力機構（JICA）（https://www.jica.go.jp/about/report/2019/ku57pq00002lkmqh-att/J_05.pdf）の関連 Web サイトを参照。

7) 「持続的ないし永続的発展」という訳語については本書第4章を参照。

8) Ong Beng Gaik, ed., *Wasted Lives: radioactive Poisoning in Bukit Merah*, Consumers' Association of Penang, 1993, p. 9.

9) 市川定夫『環境学―遺伝子破壊から地球規模の環境破壊まで』（藤原書店、1993年）249頁。

10) 同書、253-257頁。

11) 日本弁護士連合会公害対策・環境保全委員会編『日本の公害輸出と環境破壊―東南アジアにおける企業進出と ODA』（日本評論社、1991年）57-59頁。

12) 日本の日刊各紙、1992年7月12日付記事。

13) 『朝日新聞』ほか各紙、1993年12月24日付記事。

14) 『朝日新聞』ほか各紙、1994年1月19日付記事。

15) 井口克彦・小林克信「なぜ、日本に同種プラントがないのか」『日本企業の海外進出はこれでいいのか・ある公害輸出の事例から―マレーシア ARE 事件調査報告書』（マレーシア ARE 事件調査団、1989年）第9章、80-81頁。

16) 新金属協会希土類部会編『レア・アース〔増補改訂版〕』（新金属協会、1980年）45頁。なお ARE 社の問題が表面化した後に発行された同書・新版は（1988年）全体で約4割もの頁増にもかかわらず、これらの記述がほとんど削除されている。

17) 横山正樹『フィリピン援助と自力更生論―構造的暴力の克服〔改訂新版〕』（明石書店、1994年、初版1990年）第7章、273-311頁。

18) 「第六溶鉱炉の建設に伴う環境対策」『昭和五〇年（ウ）第三二二号答弁書』（1975年）38-39頁。

19) 宇沢弘文『自動車の社会的費用』（岩波新書、1968年）2頁。

20) 企業活動や公共事業の結果、第三者あるいは社会全体が事前承諾なくして負担させられるあらゆる危害ないし損失。米国で活躍した経済学者 K・W・カップが『私的企業と社会的費用』（篠原泰三訳、岩波書店、1959年、原著 *The Social Cost of Private Enterprise*, Harvard University Press, 1950）で定義し、展開した議論をベースにしている。

12 同書、「まえがき」。

22) 同書、101頁。

23) 寺西俊一「地球環境問題の政治経済学を求めて」三戸公・佐藤慶幸編著『環境破壊―社会諸科学の応答』（文眞堂、1995年）40-41頁。

24) 同書、42頁。

25) 同書、50頁。

26) 宇沢・前掲注（19）「まえがき」。

27) C. Douglas Lummis, "Development is Anti-Democratic", *Kasarinlan*, Vol. 6, No. 3, 1st Quarter 1991, pp. 25-57. この論文はその後翻訳され、「民主主義に反する開発・発展」として『ラディカル・デモクラシー——可能性の政治学』（C・ダグラス・ラミス（加地永都子訳）岩波書店、1998年）に第二章として収められている。引用部分は横山による抄訳（横山正樹「フィリピン経済の現状とODAの問題点—カラバルソン地域開発計画にみるODAの格差拡大効果」『海外事情』40巻10号（1992年）90-92頁）。

28) 雑誌『エコロジスト』制作VTRに収録され、1990年4月23日に放送された「筑紫哲也ニュース23」特集「ODAと巨大ダム」における世界銀行副総裁デイビッド・ホッパー David Hopper（実際には世界銀行上級副総裁 Senior Vice President, 1987-89, World Bank）の談話より。

29) トリックルダウンとは水滴がしたたり落ちることを意味し、ここでは社会の一部に集中的な投資が行われてもその社会の底上げに次第につながっていくという意味合いで用いられる。そうした作用について「浸透効果」「懸滴効果」などという訳語があてられている。

30) 外務省経済協力局編『我が国の政府開発援助　上巻』（国際協力推進協会、1990年）総論第3章、36-37頁。引用文中では「トリックル・ダウン」と「・」をはさんだ表記が用いられている。

31) Albert O. Hirschman, *The Strategy of Economic Development*, Yale University Press, 1958, pp. 187-189. 邦訳はアルバート・O・ハーシュマン（小島清監修、麻田四郎訳）『経済発展の戦略』（巌松堂出版、1961年）328-333頁。

32) 高橋清貴「日本のODAにおけるMDGsの位置取り」『国際開発研究』23巻2号（2014年）42-45頁。（https://www.jstage.jst.go.jp/article/jids/23/2/23_37/_pdf/-char/en）

33) 長谷川幸洋「ニュースの深層　安倍首相のブレーン浜田宏一内閣官房参与に聞く—消費増税と法人税引き下げの行方」『現代ビジネス』2014年9月12日（https://gendai.ismedia.jp/articles/-/40423）。

第 4 章

サブシステンス志向の社会をめざす市民連帯へ

横山　正樹

1　自力更生と市民連帯

　暴力から平和を定義した第1章の末尾、人権を考える部分で、私たち一人ひとりは孤立した存在ではなく、個と集団という緊張をはらんだ二重性の中で、過去から未来への歴史的連続性を背負って生きる存在だと述べた。

　つぎの章では、暴力を克服していく自力更生について、その主体が「不条理な苦痛」を受けた各個人であり、そこから家族や地域コミュニティーの集団的自力更生へと幅を広げ、そこへ立場が異なり直接の利害関係はない市民たちからの支援という市民連帯を呼びこんで、効果的な社会運動となりうると示した。

　第3章では、開発が地球規模で格差拡大と環境破壊を招いてきた実例と、それを正当化し受容させてしまう開発主義の世界的な浸透の仕掛けを明らかにして、この暴力に歯止めをかけるには開発主義からの脱却が必要と強調した。

　では、暴力克服に重要な役割をはたす市民とは誰のことか、そして私たちがめざすべき方向としての永続可能な社会とは何か、サブシステンス（生存基盤）志向の生き方とはどのようなものか、この章で考えていくことにしよう。

(1) 市民の二重性

　一般に市民というと、○○市の住民、あるいはただ民衆のことと受け取られ

よう。歴史的にみれば、フランス市民革命の主役として輝かしく登場した市民階級（ブルジョワジー）を指した。政治権力を貴族・僧侶から自らの手に奪取しようとした第三身分としての新興社会勢力だ。

特定の階級としての市民（市民権＝特権をもつ者）は、ギリシャの都市国家にも、ローマ時代にも存在し、ある時期には直接政治に参加する共和制の担い手でもあった。そこには民主政治（デモクラシー＝人民の権力）の原型をみることができた。

かつての市民はあくまでも一部の特権階級（エリート）で、かつ女性を排除した家父長制（パトリアキー patriarchy）の中の存在だった。この市民は非市民（市民権をもたぬ者）に対する差別をその存在の前提としていたのだ。

現代（日本では戦後）、女性を含む普通選挙の実施にしたがって、参政権をもつ市民が国民とほぼ同義となった。未成年者や在住外国人等の場合を除いて、表面的には市民の特権性が薄まったとはいえ、その深い意味合いは不変だ。

だからこそ、いまも市民は二重のイメージを帯びている。市民革命を遂行し、民主的な市民社会をつくりあげる主体としての、いわば普遍的な市民像と、非市民を差別する特権層としての市民像だ。少数の支配層と大多数の民衆との圧倒的な格差を抱える第三世界の社会をみるとき、この二重性はいっそう際立ってくる。

(2)　エリートとしての市民論

市民の二重性はさまざまな市民論に反映されている。

市民に関する代表的論者の一人、松下圭一[1]は、市民が「工業化＝民主化を背景に地球大のスケールでひろがる普遍概念」[2]となったとしながら、「すべての国民が市民として政治に参加するには、それなりに教養と余暇の下降が不可欠」であって、「普通平等選挙権プラス教養・余暇は、ようやく20世紀にはいって、工業先進国でのみ実現した」[3]と説く。

地球大の普遍性がここで強調されているにもかかわらず、これでは第三世界の中には特権階級としての市民の姿しかみえてこない。第三世界民衆への「教養と余暇の下降」は実現されていないし、その見込みも到底立たないからだ。

こうみると、松下の市民論は特権的な市民を前提としたものであることが明らかだ。

　ヨーロッパ近代の生み出したものは、何も産業革命と民主政治だけではない。第三世界との間の巨大な格差もまた、侵略と収奪によってヨーロッパ近代が作り上げたものだ。植民地支配なくしては近代の成立もありえなかった。この構造的暴力の克服をめざすとき、松下のいうように、第三世界で「教養と余暇の下降」による「市民の大量醸成[4]」をじっと待つわけにはいかない。

(3)　市民連帯と普遍的な市民

　松下と対照的な市民論を展開しているのが小田実[5]だ。小田によると市民とは「自立する市民」であって、「自分のことは自分できめる、それゆえに、自分の足で立つことで自分の運命をえらびとろうとする人間のこと[6]」だ。

　ここで着目すべきなのは、市民が「自立した」人間ではなく、自らの意志によって「自立する」人間とされている点だ。結果ではなく、自立しようとする意志や過程が重視される。

　第2章で説明したように、自立は自力更生の目標で、自立を阻む暴力に立ち向かって従属から自立をめざす過程が自力更生だ。この過程を通じて、米国・フランス等による侵略を撃退したベトナムの人びとも、反公害運動に立ち上がった被害者たちも、ともども小田のいう「市民」として出現する。市民とは自力更生の主体にほかならない。

　市民には「働く」「くらす」「たのしむ」「たたかう」の４つの側面があって、地域の住民として「土着」にかかわりながら、同時に「土着」を拒否しつつ地域を超えて広い社会、世界全体、「普遍」にかかわる存在だと、小田は述べる[7]。

　世界の歴史は市民が「働く」「くらす」「たのしむ」「たたかう」という４つの側面での参加の実現を求めてたたかってきた軌跡だ。ともにたたかうことによって市民は自己形成をとげてきた。そうした市民のたたかいは自立とともに相互の連帯を基本とする。

　「『連帯』の根もとのところにあるのは、おたがいがそれぞれにちがった人間

でありながら世界の有限のなかで『共生』して行かなければならない、そこで本源的『平等』を共有している存在だという認識」だから、「『連帯』のたたかいを形成することで、『市民』ははじめて他者を抑圧することにならない自由を獲得することができる[8]」と、小田は指摘する。

市民の普遍性とは、第三世界を含む地球上にあまねく及ぶという地理的な普遍性だけではない。他者を抑圧しない、特権をもたない、したがってだれもがみな異なっていながら対等な市民でありうるという意味をあわせもつ。そうした市民の普遍性のよりどころが市民連帯であり、つぎの節で述べるように、それは必然的に地球規模の市民連帯になっていかざるをえない。

ここで「すべての人が生まれながらもつ尊厳と平等で譲ることのできない諸権利の組み合わせが人権」という第1章の記述を思い起こしてほしい。市民の普遍性はこの人権の普遍性と表裏一体のものだ。人権とは連帯をつうじた市民同士の尊厳と諸権利の相互承認であり、よって人権侵害には共同でたたかうことを意味合いとして含む。

2　グローバリゼーションと構造的暴力

構造的暴力の存続・強化を図る勢力、つまり各地における支配エリートたちは、個々ばらばらに市民の自力更生と向き合っているのではない。結びついて支配体制をつくり、さらに国際的な支配構造を形成してきた。

たとえば大土地所有制の存在するフィリピンで、土地なし農民たちの自主耕作運動に脅威を感じる大地主は地元の政治家や軍隊を動員して運動をつぶそうとする。さらに強大な影響力を政府や議会に対して行使することにより、自分たちの基盤を崩しかねない農地改革の実施を骨抜きにしてきた。そうした歴代の政権とエリート層を支えたのは日本や米国などの政府開発援助（ODA）や銀行融資、および多国籍企業の投資だ。簡単にこれを図式化すれば、日本で納税・預金する者たちは、税金や銀行資金が開発事業に用いられることをつうじて、フィリピンの農民たちと構造的に敵対させられてきたことになる。

構造的暴力は、直接的・人為的暴力に対して、社会構造に組み込まれて間接

的に影響を及ぼすという意味で構造的と名づけられてきた。そうした暴力が、今やグローバルな構造となって、私たちを覆っている。

　米ソ間の冷戦終結後、1990年代に急速に進んだ経済のグローバリゼーションとは、旧ソ連諸国・東欧や中国を含め、地球上すべての地域社会に市場経済を浸透させていくものだった。1970年代以降に進展した生産・流通・金融の世界的情報ネットワーク化がその技術的条件となった。市場経済において、人はもとより平等ではなく、市場で取引可能な商品の価値と貨幣量によってランク付けされ、そこに支配と従属の関係が立ち現れる。さらに、いま企業の採用人事やローン審査その他に中国をはじめ各国で導入されつつある AI 判定の個人信用スコアリングも問題だ。これは社会的承認をめぐる一種のランク付けなのだが、国家や大企業が管理・支配する格付けシステムであって、人権や市民連帯における信頼に基づいた対等な相互承認とは対極の、人権侵害や市民連帯の破壊手段となりかねない。

　1997年後半以降、深刻な経済危機を経験した韓国やタイ・インドネシアのように、独立国家も対外債務の返済がとどこおると政策や予算を独自に決定できなくなり、借款供与国や IMF・多国籍銀行など債権者側の示す国内産業保護の撤廃や公共事業の民営化といった構造調整策に拘束される。外国資金によって建設された港湾設備などの利用権を債権国に渡さざるをえない場合さえも生じる。債務返済が優先され、福祉予算のカットや物価上昇で多くの民衆が苦痛を受けても、人びとのとりうる選択肢はきわめて限られる。

　また今日、地球の気候変動が気候危機といわれるまでに深刻化し、巨大な森林火災や干ばつ・風水害・感染症の蔓延など、かつてない程度と頻度で生じる地球規模の問題群に人類社会は直面している。

　このようなグローバル化された構造的暴力を克服していこうとするとき、その営為もまたグローバルな市民連帯とならざるをえない。具体的な自力更生努力の中でどれだけそれを意識化できるのかが市民の今後にとり決定的に重要だ。地球市民社会が形成されねばならない必要性はここにある。

　グローバルな市民連帯の実践活動には、お互いに支え合ってたたかいをより効果的にするだけでなく、共に地球市民であることの意識化を進める働きもあ

る。また本章第4節でアーティキュレーション（分節・接合の構造）として説明するように、お互いが構造的に分断され、ときに敵対させられている現状に気づき、その現状を変えていく契機ともなる。

3　市民連帯による永続社会とサブシステンス志向

　第1章でも触れたように、人類はもとから集団＝社会をなし、自然の循環の中で、その一部として生き続けてきた生物種に違いない。農耕牧畜以前の社会、それはゆっくりとした変化を遂げながらも、サステイナブル sustainable（永続可能）な社会だった。そして潜在的実現可能性の基礎となるのがこの永続可能性だ。

　ここでいう永続可能とは、人類発生からこれまでのように、想定できる先の未来までずっと人間社会が存続可能という意味での永続だ。個人にとって維持されるべきものは自分の身体・精神と社会関係だが、人間には例外なく寿命があるので、集団としてのみ、永続可能性を想定することになる。

(1)　生存基盤・永続可能条件としてのサブシステンス

　サブシステンスとは人類生存の基盤であり、永続可能性の条件のすべてが含まれる。サブシステンスには自然生態系と人類の社会関係という両面があり、あわせて生命の存続と再生産を支える生命維持系（システム）を構成する（図4-1、コラム「サブシステンス」）。サブシステンスは「個人と集団がその潜在的実現可能性をまっとうし、さらに人類として永続しうるための諸条件のすべて」と定義され、人間と自然生態系との関係、および社会関係のすべてから暴力をなくしていく方向性を「サブシステンス志向」という[9]。

　前章第1節で取り上げたように、地球環境の破壊によって人間社会の存続が重大な危機に瀕しているという認識を背景に、1992年、地球サミット[10]がリオデジャネイロで開かれた。それを契機に近年広く使われるようになった用語に、サステイナブル・ディベロップメントがある。持続的発展（開発）と和訳されることが多いが、持続では短い一定期間だけに限定される用法もありうるので

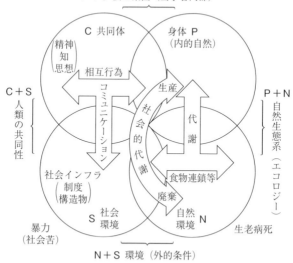

図4-1　サブシステンスの構成模式図

P＋C 個と集団（当事者内部）

C 共同体　　身体 P（内的自然）

精神知思想

相互行為

コミュニケーション

生産

社会的代謝

代謝

C＋S 人類の共同性

P＋N 自然生態系（エコロジー）

社会インフラ制度（構造物）

食物連鎖等

廃棄

S 社会環境

自然環境 N

暴力（社会苦）

生老病死

N＋S 環境（外的条件）

＊図中で代謝とは物質エネルギー代謝，社会的代謝は社会的物質エネルギー代謝をさす。

出所：岡本三夫・横山正樹編『新・平和学の現在』（法律文化社、2009年）78頁

適訳とはいえない。次世代以降も末永く続けられる「永続可能な発展[11]」という中村尚司[12]の提唱する訳語をここでは用いたい。

　サステイナブル・ディベロップメントにおいて、持続あるいは永続されるべき対象は、サブシステンス、つまり人間社会と自然の循環だ。ところが経済発展あるいは経済成長が持続を図るべき目的であるかのような逆立ちした議論もある。際限ない経済発展や経済成長の追求が地域および地球規模の社会格差拡大と環境破壊を招き、人類の共同性と自然の永続可能性を脅かしてきたというのに。

　前章でみたように、これまで人間社会の目標は豊かさ、つまり快適さや便利さというプラスの価値の追求に置かれていた。欧米諸国や日本は国内だけでなく植民地からの自然と人間の収奪をテコに工業化を達成し、国民の多数に豊かさを実現した。ところが今日でも政策目標にはプラスの経済成長率が掲げら

■ コラム 1　サブシステンス

横山　正樹

　もとは食糧をはじめ生活用基本物資をさす一般用語で、スミス（Adam Smith）の『国富論』（1776年）の場合をはじめ、経済学ではしばしば「生活資料」と翻訳されてきた。また底辺労働者の受け取る生存ぎりぎりの賃金レベルを示したり、あるいは人類学などの分野において、市場経済に組み込まれていない先住諸民族の限界的自給経済、あるいはその生業を表わす場合も多い。

　貧しい生活のイメージを帯びたこの用語が見直され深められるようになったのは経済人類学者ポランニー（Karl Polanyi）の学説に端を発する。彼は著書『大転換』（1944年）で、もともと商品として産み出されたものではない自然環境や人間そのものとその社会制度がそれぞれ土地・労働・貨幣として商品化されているという近代社会に特有の虚構（擬制）を指摘した。これらが商品として市場メカニズムに従属させられたため、自然は汚染・破壊され、悪徳・犯罪などの混乱によって人間社会もいずれ滅びるという懸念から、市場経済を人間社会のコントロール下に埋めもどす作業の必要をポランニーは説いた。また中村尚司は『地域自立の経済学』（1993年）で土地・労働力・信用の「商品化の無理」を指摘して脱商品化を提唱した。こうした主張の前提となる自然と人間の諸関係（自然環境）および人間相互の社会関係こそがサブシステンスの基本要素に他ならない。

　ポランニーの影響を強く受けたイリッチ（Ivan Illich）は著書『シャドー・ワーク』（1981年）他で、サブシステンスを市場経済に依存せず土地に根ざした「人間生活の自立と自存」（玉野井芳郎／栗原彬の訳語）としてこれに積極的意味をあたえ、発展＝開発（development）を「サブシステンスに対して仕掛けられた戦争」と批判した。

　イリッチと対話を重ねつつ、その批判者でもあったヴェールホーフ（Claudia von Werlhof）、そしてベンホールト＝トムゼン（Veronika Bennholdt-Thomsen）やミース（Maria Mies）らドイツのフェミニストたちも、ルクセンブルグ（Rosa Luxemburg）の『資本蓄積論』（1913年）などに学びつつ女性労働（家事）としてのサブシステンス生産労働に目を向け、資本制的家父長制にもとづくグローバル経済に代わる実現可能なオルタナティブとして「サブシステンス・パースペクティブ」を掲げてきた（ミース他著『世界システムと女性』1983年、ほか）。

　暴力の克服をめざす平和学の観点からもこれは重要な概念となる。筆者らは、生命の存続と再生産を支える生命維持系（システム）としてのサブシステンスを「個人と集団がその本来性（潜在的実現可能性）をまっとうし、さらに人類として永続しうるための諸条件のすべて」と定義し、人間と自然生態系との関係および社会関係のすべてから暴力をなくしていく「サブシステンス志向」を共編著書『環境を平和学する！』（2002年）で提唱した。

　このようにサブシステンスは開発主義や近代世界システムを問い直すフェミニズム・エコロジー運動・平和学などの取り組み上で、地球環境の持続性破壊とグローバル化への対抗概念としてますます着目されるようになっている。

れ、いっそうの豊かさをめざす。第三世界諸国もまた先進工業国をモデルに経済発展・工業化を推進する。それを疑いの余地のない優先政策目標とする思考、あるいはそうした考え方の無意識の前提が前章で取り上げた開発主義だった。

　開発主義の影には不条理な苦痛が数多く生み出され、弱い立場の人びとに押しつけられてきた。中でもより深刻な被害を受けているのは、先住民族や第三世界の多数派である非エリート層と、まだ発言力をもたない未来世代だ。資源の乱開発や大量の有害廃棄物による環境破壊は、関係する現場の住民への暴力となるばかりか、その影響は広く何世代にも及ぶ。

　暴力を克服しようとする被害者たちの自力更生は、環境破壊をくいとめ、潜在的実現可能性を取り戻すたたかいでもあって、いっそうの快適さをめざす開発主義とは正反対の、苦痛（マイナスの価値）を減らす方向への努力だ。サブシステンス志向、つまり開発主義から脱却して永続可能な社会を再建する可能性がここにある。

　サステイナブル・ディベロップメントとは、もともと持続（永続）可能性と開発という相容れない矛盾をはらんだ表現だ。「開発・発展の持続をめざす政策目標」との曲解や誤解をさけるためにも、この用語の安易な使用は勧められない。そこでサステイナビリティ（一般訳は持続可能性、より正確には永続可能性）、あるいは開発主義からの脱却を意味するサブシステンス志向という表現を推奨しておきたい。

(2)　NGO と「NPO 活動促進法」

　さまざまな不条理な苦痛に対応して発足した市民運動の多くが、いまや NGO あるいは NPO としての自己認識をもつようになり、市民社会の重要なアクター（担い手）として役割を果たすようになっている。NGO は Non-Governmental Organization（非政府団体または非政府組織）、NPO は Non-Profit Organization（非営利団体）の略。どちらも政府や地方自治体、あるいは営利目的の企業とは違う、民間非営利活動団体を意味し、事実上ほぼ同じ意味だ。ここでは主として NGO を用いる。もちろん意識的に社会問題にかかわる運動体だけで

はなく、趣味や福祉など多様な分野の市民活動全般が含まれる。

　1998年に国会で成立・施行し、2017年に改正・施行された「特定非営利活動促進法」（NPO活動促進法）は、福祉・環境保全・人権擁護・平和の推進・国際協力など特定12分野の活動にあたる非営利団体を都道府県などが認証して法人化することを可能とした法律だ[13]。これまでは事務所貸借契約や預貯金の名義を代表者の個人名とせざるをえないなど、団体としての活動上の責任が代表者個人のものと区分し難かったが、認証・法人登記によって分離が可能となった。認証を受けるには定款（基本的な団体の規則）を定め、定款に則して運営し、予算・決算を含む活動報告などの情報公開が必要となる。この法律については、税制の優遇措置適用がごく限定的であること、一部に制度の乱用がみられることなどの課題がありながらも、開かれた性格をもち継続的に取り組まれる種類の市民活動への社会的な認知を促進しつつある。

4　NGOのサブシステンス志向とエクスポージャーの手法

　市民連帯のさまざまな活動をになってきたのもNGOとそのネットワークだ。ことに各種の兵器を禁止する条約制定にあたって国家（国境・国籍）を超えた民際活動[14]の成果には以下のように目を見張るものがある[15]。

　2017年7月、核兵器禁止条約の採択に大きく貢献した各国NGOの国際的連合体、核兵器廃絶国際キャンペーン（ICAN＝International Campaign to Abolish Nuclear Weapons 同年のノーベル平和賞を受賞）はその代表例だ。地雷禁止国際キャンペーン（ICBL＝International Campaign to Ban Landmines）の活動は対人地雷全面禁止条約（1997年）に結実し、1997年度ノーベル平和賞を受賞。同じく非人道的として批判の高まるクラスター爆弾の禁止にも世界約200のNGOによるクラスター爆弾連合（CMC＝Cluster Munitions Coalition）が取り組み、2008年の禁止条約採択にまでこぎつけた。現在も劣化ウラン弾や殺人AIロボット兵器禁止へ向けた諸NGOの努力も国内外で展開されている。

　自然災害・難民・環境破壊・女性のエンパワメント・児童労働・人権侵害などの地球的な緊急課題への取り組みが、今日、多くのNGOによってなされて

■コラム2 核兵器廃絶への展望

川崎 哲

2020年8月6日と9日は、広島と長崎の原爆被爆75年にあたる。1946年の国連総会決議第一号は核兵器廃絶を求めるものであり、以来国際社会で繰り返し核兵器廃絶が呼びかけられてきたが、世界には未だ1万4000発近い核兵器が存在する。(2019年6月現在1万3880発。長崎大学核兵器廃絶研究センター。)

一発の原爆により広島では14万人、長崎では7万4000人がその年末までに命を奪われた。その数は当時の広島の人口の約4割、長崎の人口の3割近くにあたる。原爆は、熱線と爆風そして放射線により、他の兵器とは比べものにならない甚大で凄惨な被害を人々にもたらした。

その被爆体験についてまだ証言を聞いたことがない人は是非、聞く機会を作ってもらいたい。今日存命の被爆者は約14万人(2019年7月現在の被爆者健康手帳保有者)だが、その平均年齢は82歳を超え、直接の話を聞ける時間は多くない。

もちろん、日本のみが核兵器の被害者であるのではない。広島・長崎の被爆者の中には、当時日本が支配していた朝鮮半島などの出身で、広島・長崎の軍需施設で労働させられていた人たちも多く含まれる。米軍ほか連合国軍の捕虜たちも被爆した。

日本は「唯一の戦争被爆国」であるが、戦争以外の形、すなわち核実験で被害を受けた人たちは世界中にいる。これまで、米国は国内ネバダ州や太平洋マーシャル諸島等で、ソ連(ロシア)は中央アジアや北極圏で、イギリスはオーストラリアや近海で、フランスはアルジェリアや南太平洋で、中国は新疆ウイグルで、核実験を繰り返してきた。インド、パキスタン、北朝鮮は自国内で核実験を行ってきた。世界の核実験の総回数は2050回を超える。これらの被害者には補償はおろか実態解明さえ不十分なままだ。

1950年代以降の米ソ核軍拡競争により、世界の核兵器は1980年代半ばには7万発近くにまで達した。この頃、西欧や米国の市民らが大規模な反核運動を展開し、80年代終わりには米ソの指導者が核軍縮に舵を取るようになった。1987年には中距離核戦力(INF)全廃条約が結ばれ、1989年の冷戦終結以降は、戦略兵器削減条約(START)の下で米国とロシアの核兵器削減が進んだ。

その結果、核兵器は今日までに1万4000発以下にまで減った。しかし、核の脅威が去ったわけではない。世界の科学者らが示す人類滅亡への「終末時計」の針はむしろ進み、2020年1月には「100秒前」を指している。その大きな理由は、核保有国が核兵器を使うことを想定する場面が増えていることだ。米国では、対テロ戦争や地域紛争などの実戦で「使いやすい」核兵器を開発し配備する動きが進んでいる。

とりわけ米国のトランプ政権は、オバマ前大統領が「核兵器なき世界」を訴え広島を訪問したのとは対照的に、核兵器の役割を拡大する姿勢を打ち出している。トランプ大統領は2019年にINF条約から離脱しロシアのプーチン大統領もこれに続いた。この結果、新たな核軍拡競争の危険が高まっている。一方で、北朝鮮にみられるよ

うに、核兵器を新たに開発して保有する国も出てきている。

国際社会はこれまで、1970年の核不拡散条約（NPT）の下で、米ソ（ロ）英仏中の5カ国を「核兵器国」と定め、それ以外の「非核兵器国」に核兵器をもたせないという核不拡散体制を築いてきた。この5カ国は国連で拒否権を持つ安保理常任理事国でもあるから、きわめて差別的な体制といえる。もちろん、核兵器国は手放しに何でも許される訳ではなく、NPT第6条の下で核軍縮の交渉義務を負っている。だが、非核兵器国は核兵器を作っていないことを証明するために国際原子力機関（IAEA）の厳しい査察の下に置かれるのに対して、核兵器国には何ら査察義務も罰則規定もない。また、NPTは原子力発電を核の「平和利用」として認めているが、原発の核燃料を加工・再処理する技術は核兵器開発にも転用可能であり、核の拡散につながりかねない。

1996年に国際司法裁判所（ICJ）は、核兵器の使用・威嚇は「国際法に一般的に違反」するものであり、核軍備撤廃を「交渉し妥結する義務が存在する」という勧告的意見を出した。このとき既に、核兵器と並んで大量破壊兵器と称される生物兵器は1972年、化学兵器は1993年の国際条約によって、それぞれ全面禁止されていた。さらに1997年に対人地雷が、2008年にはクラスター爆弾が、いずれも受け入れがたい苦しみを与える非人道兵器として、国際条約で禁止された。

このような流れをくみ核兵器にも禁止条約を作ろうと、世界の非政府組織（NGO）が連携して2007年に「核兵器廃絶国際キャンペーン（ICAN）」を発足させた。赤十字国際委員会（ICRC）やオーストリア、メキシコなどの諸政府も核兵器の非人道的影響に関する声明を発表したり国際会議を開催したりして、共に運動を進めた。

こうして2017年、核兵器を全面的に禁止しその廃絶への道筋を定める核兵器禁止条約が、国連で122カ国の賛成によって採択された。この条約は50カ国が批准した後に発効する。（2020年3月現在、81カ国が署名し36カ国が批准。）ICANは17年末にノーベル平和賞を受賞し、授賞式で広島の被爆者サーロー節子さんは同条約を「核兵器の終わりの始まり」にしようと訴えた。

今日核兵器を保有する9カ国は、いずれも核兵器禁止条約を拒絶している。日本や北大西洋条約機構（NATO）諸国など米国との軍事同盟関係にある国々の政府も同様だ。その根底にあるのは、核兵器が国家の安全を保障するという「核抑止論」だ。しかし2019年に長崎・広島を訪問したローマ教皇フランシスコは、核兵器の使用はもちろん保有も「倫理に反する」として、核抑止論を批判した。核兵器を絶対悪とする規範を受け入れる国の綱引きが、今後の核軍縮に大きな影響を与えていく。

いる。たとえばアフガニスタンの干ばつ被害救援に長年献身的に取り組み、2019年に襲撃で殺害された医師・中村哲の率いるペシャワール会の活動は、国際的にも広く知られる。このようにさまざまな課題には専門的知識・技術の蓄積や人的ネットワークをもつNGOがより効果的に対応できることも多いと実証されてきた。これに対し各国政府の対応については、内政干渉への懸念や政策調整に時間を要するといった限界がある。政府開発援助事業などの現場で発生する住民たちの強制立ち退きや環境破壊といった暴力を問題視する国際世論を背景に、NGOが諸国政府や国際機関へ政策変更を迫る働きかけもたびたび行われてきた。

　形成途上の地球市民社会において、NGOはすでにこのような実力を備えてきており、今後いっそう重要な役割を果たしていくと期待される。

(1)　NGOに求められるサブシステンス志向

　NGOの活動分野は広い。第三世界各地で開発協力の事業を手がける開発NGO、環境問題にかかわる環境NGO、人権の確立・擁護活動にあたる人権NGOなど、実にさまざまだ。NGOが取り組む前述の緊急な諸課題は、不条理な苦痛軽減へ向けた当事者たちの自力更生努力を支援しようとするものが多い。

　しかしこれらのうち、ことに開発NGOと呼ばれる諸団体の中には、無意識であっても開発主義傾向の懸念される活動がみられる。たとえば以下のような事例だ。慈善（チャリティー）によって依存関係を生み出し、撤退できなくなる。最も苦境に置かれた人びとには支援の手が届かず、結果として低所得層のなかにもある格差を拡大してしまう。地主と土地なし農民との対立など地元の社会問題にかかわることを避けて、たたかっている人びとの信頼を失う。事業自体が根づき、うまくいった場合ほど、こうした例は多い。それでは不条理な苦痛を見過ごすばかりか、自力更生にも反し、構造的暴力を強化してしまいかねない。

　環境NGOの場合にも注意が必要だ。槻田敦[16]は、消費者などの市民運動がリサイクル推進などの「良いこと」をするのに忙しくなる結果、危険な商品など

「悪いこと」へのチェックが弱まることを危惧して、「良いことをしようとするのではなく、悪いことをしない・させない」ことが大事と説く[17]。

この槌田の指摘にもみられるのが、プラスの価値を増やすより、「不条理な苦痛」をなくし、暴力を克服していこうとする、第3章末尾で示した平和学の視点だ。開発主義からの意識的な脱却と、永続可能な社会をつくりあげる方向性、つまりサブシステンス志向が、NGO には今後ことに求められる。

(2)　平和学の手法としてのエクスポージャー

暴力の被害者たちとの連帯をめざす国際交流活動など、立場の違う人びとが協力し、協働する取り組みには、相互理解などの上で大きな困難が伴なう。人間の越境移動を規制する国境管理によって私たちは分断されていながら、商品生産・流通における分業体制として不平等な形でグローバルに結合されているからだ。この分節・接合の構造をアーティキュレーション articulation[18] という。この構造的暴力がもたらす困難を乗り越える上で、平和学の手法としてのエクスポージャー[19]（現場学習・現地実習とも呼ばれる）が役立つはずだ。

本書13章「エクスポージャーと市民連帯」でさらに詳しく説明されるが、この手法をここで簡単に紹介しておく。

暴力の現場で当事者たちと生活を共にしながら、①問題（暴力）のありようを発見し、②それを克服する努力（自力更生）を知り、③それがなかなかうまくいかないわけ（阻害要因）を探り、④立場の異なる人たちの支援のあり方（市民連帯）にも目を向け、⑤当事者たちと自分との関係を把握しながら長くかかわっていく（関与）。エクスポージャーを通じて、こうした暴力⇒自力更生⇒阻害要因⇒市民連帯⇒関与という暴力克服へ向けた五段階の解明を試みる。これがアーティキュレーションのもたらす意識の差や相互理解のギャップを少しでも減らし、立場を越えた連携をより容易にしていくひとつの方法と考えられる。

暴力の克服は、それにより不条理な苦痛を受けている被害者が自力更生努力の中から普遍的な市民として現れ、共感を通じて広がる市民連帯を通じてようやく実現されうる。個別の課題に取り組む中で、同時に永続可能な社会をめざ

す市民や NGO の効果的なネットワークを、国境や国籍にとらわれず地球大に広げていく——それこそが、紛争を解決したり未然に防いだりすることによる消極的平和だけでなく、公正で永続可能な積極的平和を作り出していく現実的な方法ではないだろうか。

1) 松下圭一（1929-2015年）は政治学者。法政大学名誉教授。
2) 松下圭一『市民文化は可能か』（岩波書店、1985年）29頁。
3) 同書、79頁。
4) 同書、78頁。
5) 小田実（1932-2007年）は作家。かつての「ベトナムに平和を！市民連合」代表。
6) 小田実『自立する市民』（朝日新聞社、1974年）3頁。
7) 小田実『歴史の転換のなかで』（岩波新書、1980年）267頁。
8) 同書、272頁。
9) サブシステンス志向については、戸﨑純・横山正樹編『環境を平和学する！—「持続可能な開発」からサブシステンス志向へ』（法律文化社、2002年）にて最初に提唱し、郭洋春・戸﨑純・横山正樹編『環境平和学—サブシステンスの危機にどう立ち向かうか』（法律文化社、2005年）などでさらに展開しているので参照されたい。
10) あるいは「地球環境サミット（首脳）会議」。本書第3章「開発と環境」の第1節を参照。
11) マイケル・レッドクリフト（中村尚司・古沢広祐監訳）『永続的発展—環境と開発の共生』（学陽書房、1992年）11頁。以下、「　」なしでこの用語を用いる。
12) 中村尚司（1938年-）は経済学者、アジア経済研究所研究員・龍谷大学教授をへて、同大学研究フェロー。
13) 認定 NPO 法人 国際協力 NGO センター（JANIC）「NGO を知る-FAQ」（https://www.janic.org/ngo/faq/）参照。
14) 本書第3章第2節で民際（市民による国境を越えた）連帯運動として言及したように、国家の枠にとらわれることなく、民間のイニシアティブで遂行される国境・国籍を超えたさまざまな非営利の活動を意味する。
15) これらの活動については、各団体関連 Web サイトを参照。ICAN（https://www.icanw.org）、地雷廃絶日本キャンペーン（JCBL）（http://www.jcbl-ngo.org/）また核兵器禁止をめざす日本の NGO には、NPO 法人・ピースデポ（http://www.peacedepot.org/）などもある。
16) 槌田敦（1933年-）は物理学者。理化学研究所研究員をへて2006年まで名城大学経済学部教授。CO$_2$温暖化脅威説への批判や日本核武装の危険性を説く言論活動でも知られる。
17) 槌田敦「リサイクル運動をどうとらえるか」『月刊・リサイクル NEWS』通巻141号（1993年）5頁。

18)　横山正樹「平和学としての環境問題—開発主義とサブシステンスをめぐって」『軍縮地球市民』No. 6、2006年秋季号、78-80頁。

19)　横山正樹「大学を平和学する！」岡本三夫・横山正樹編『平和学のアジェンダ』（法律文化社、2005年）第 9 章、180-185頁、および横山正樹「現実把握の方法としての平和学エクスポージャー（PSEP）実践とその成果」『国際交流研究』20号（2018年）207-228頁。後者は以下の URL で Web 公開されている。（https://ferris.repo.nii.ac.jp/?action=pages_view_main&active_action=repository_view_main_item_detail&item_id=2286&item_no=1&page_id=13&block_id=21）

第 5 章

開発主義からの脱却
——「快」の増大から「苦」の縮減へ

平井　朗

1　はじめに

　これまで平和・暴力とは何であり、それは世界の仕組みにも存在し、さらに
その仕組みが新たな暴力をも作り出していることを学んできた。しかし、その
中心—周辺の関係[1]は第三世界と先進工業諸国（世界の中の「南」と「北」）の間に
のみ存在しているわけではなく、国内にもみられる。たとえば東京電力のサー
ビス圏内に同社の原発は一基も存在しない。原子力による電力はそれを大量消
費する首都圏とは遠く離れた福島や新潟で生産されている。そして大事故を起
こし、周辺の住民に不条理な（自分たちに責任のないことから負わされる）苦痛を
与えた。なぜこのような暴力が生じたのか。それは後で述べる開発主義がもた
らしたものであることを学ぶ。

　経済成長と開発が問われている。これまで学んだようにガルトゥングは先進
工業諸国と第三世界の間に典型的にみられる生存機会の格差や貧富の格差を構
造的暴力ととらえ、それを克服する（積極的平和の）ために開発が必要だと考
えた。しかし、筆者はODA（政府開発援助）にかかわってきた中で、いま行わ
れている開発援助によってはこの暴力を克服できず、生存の危機を解消できな
いと考えるに至った。開発をどうとらえるべきなのだろうか。この章では、現
在の経済社会の中心思想である開発主義を、「開発を諸政策の最優先目標に掲
げて国家的総動員をはかるイデオロギー[2]」とする定義によって、その歴史から

振り返る。世界のどこかの誰かや、未来の誰かが不条理な苦痛を受けることによって私たちの日々の暮らしが支えられていることに注目する。私たち自身も組み込まれているその関係性の中の暴力、さらに暴力が潜在的実現可能性（PRs）を発現させるための条件としてのサブシステンスを破壊している現状を考える。

2　開発の中での「快」と「苦」

(1)　「快」の増大が発生させる「苦」の増大

　100万人以上の流域住民が退去を迫られたインド・ナルマダ川ダム開発計画について、開発資金を融資した当時の世界銀行副総裁デイビッド・ホッパーは「誰かが傷つくことなしに開発を行って利益を得ることはできない。利益と代償を比べてみると利益の方が大きいと確信している[3]」と述べた。しかし、開発によって得られる利益（「快」なるもの）と、開発がもたらす代償（「苦」）とを比べることはそもそも可能なのだろうか。

　第1章でも紹介した市井三郎は、たとえば食べ物の好みが違うように「快」が人によって大きく異なるだけでなく、好物でも毎食続くと嫌になったり体調にもよったり、個々人の中でも短時間に変化してしまうために、「快」は不安定で、「苦」の方こそより普遍的であることを指摘した[4]。

　さらにダム建設によって失われた生物種や自然環境、また先住民の土地に根ざした生活や文化は二度と取り戻せるものではない。その地の人びとや生物にとって、自然／社会環境の破壊は不可逆の「苦」であり、金銭に換算される開発の利益によってあがなわれるものでもない。「快」と「苦」は異質であり、秤にかけることはできない。

　他方、市井はフランス革命などでヨーロッパが掲げる「自由・平等・博愛」が植民地には適用されなかったことを指摘している[5]。植民地の収奪による経済的繁栄の上に、宗主国で虐げられてきた多くの人びとは自らの「自由」や「平等」をある程度実現した。しかし、彼らに植民地で周辺化された人びとの苦しみは見えず、その人たちとつながり合い、その苦痛を減らすこともなかった。

人類の多くは、「快」を得るために「苦」を他者に強いてきたが、私たち自身は誰にどのような「苦」を強いて「快」を得ているのだろうか。

　原発の例でいうなら、電気料金から電力会社を経て支払われる電源開発促進税は、電源立地地域対策交付金として立地自治体へ還元されてきた。経済成長のために必要とされる原発。大都市圏に建設できるはずの原発を過疎地に押しつける代わりにカネをばら撒くという仕組み、「快」と「苦」が数値で比較され金銭を媒介として交換され、開発と利権の直結した構造が成り立ってきた。しかし立地自治体の原発への財政依存が深まって地域の経済的自立が困難になる中、2011年3月11日の東日本大震災をきっかけに原発事故が起こった。周辺地域の人びとは被曝させられただけではない。きれいな土、水、空気といった自然環境、それに基づく農漁業などの生業が奪われた。人と人とのつながり、共同体、地域の伝統文化などが破壊された。先祖代々続き、子々孫々続くはずだった暮らしの根、サブシステンスを原発事故は根こそぎ奪い去り、多くの人びとが避難民とされた。

　そもそも事故がなくとも、原発は、住民と労働者の被曝が避けられない。ウラン鉱石の採掘から日常の運転と点検、さらに使用済み燃料や放射性廃棄物の処理まで、何万年もの未来に至るすべての工程で、環境への放射能の漏えい、労働者の被曝が必須である。被曝は不可逆の健康被害をもたらす。一時期、地域の雇用が増え、経済が潤ったとしても、そうした「快」で不可逆な「苦」の埋め合わせはできないのである。

(2)　「苦」の外部化—開発の暴力

　このような不条理な苦痛の存在にもかかわらず、なぜ開発は推し進められているのだろうか。多くの場合、「快」を得る者からは「苦」を受ける者がみえ難い、いやみようとしない。しかも「快」は金や力のある者に偏り、「苦」は弱者に押しつけられる。「苦」そのものや「苦」を受ける人びとが、「快」を受ける者からは周辺化・外部化され、みえなく（不可視化）されてしまっている。開発は「快」のみを増やすものと思い込まされ、伴う「苦」を引き受ける者へは少しの「快」をおすそ分けすればよいとして推進されているのだ。開発

による「快」を得る者と「苦」を受ける者は同じ社会構造の中にあり、つながっているにもかかわらず、その間にはみえない壁があるかのようだ。

　水俣に面する不知火海がチッソの排出する有機水銀に汚染され、漁民たちが次々と肉体と精神をむしばまれ亡くなっていても、政府・厚生省（当時）の反応は非常に鈍かった。これを中心からの無視ととらえ、「水俣はあまりに遠かった[7]」という言葉で水俣の「苦」を外部化した社会を批判する声もある。水俣と東京を、開発による「苦」を押しつけられる周辺と、「快」を得る中心として物理的な距離以上に隔てたものは何なのだろうか。

　1956年に水俣病が確認された後もチッソはその責任を回避し続けた。有力な学者たちによる有機水銀以外の原因説の主張や行政の放置もあって被害は拡大し、被害者の救済は遅れた。他方で1960年代の日本はそのような企業・政府を中心に高度経済成長路線をまっしぐらに突き進んでいた。水俣病の教訓は活かされず、その後もさまざまな公害事件・薬害事件・ダム開発紛争・原発事故などが現在に至るまで引き起こされている。つまり水俣病に代表される産業公害は決して開発の意図せざる副産物などではなく、高度経済成長を実現するために初めから織り込まれた前提条件だったといえる。周辺地域のサブシステンスの破壊と中心部の経済成長との間には、中心の「快」の増加に貢献するために「苦」を押しつけられる周辺という、権力関係が存在するのである。そこには開発を推し進める構造が人びとのサブシステンスを壊す暴力を見出すことができる。

　3.11直後に政府は水素爆発やメルトダウンの事実を隠して「ただちに健康に影響はない」と繰り返し、多くの住民に避けられたはずの被曝を強いた。さらにテレビに登場する専門家たちは「安全です」と述べるばかりで、水俣のコピーをみるように事態が進んだ。もちろんそれは福島も東京からの物理的距離が「あまりに遠かった」からではない。電力（「快」）を享受する者は、原発から生じる「苦」を引き受ける者無しには存在しえない。原発は安全で苦痛をもたらさないというなら東京・大阪・名古屋など大都市圏に立地しないのはなぜか。それは事故時に想定される被害者が数の多少で比較されているからだけでなく、中心と周辺の間に開発主義による構造的暴力が存在するためであるのは

明らかである。

(3) 「苦」を減らす

　現在の世界や社会は「快」を増やせば、開発を進めて経済成長すれば、すべてが解決するとの前提によって形作られてきた。しかし、これまでの例からも明らかなように、「快」とともに増える「苦」を押しつけられるのは無作為に選ばれた誰かではなく、経済成長する中心に支配され周辺化された人びとなのである。しかも生命や環境は、いったん損なわれると回復は不可能、つまり「苦」は不可逆であり、「快」（物質やお金）では埋め合わせできないこと、「快」と「苦」は比較できないことを事例の中にみてきた。

　この後は、開発を歴史の文脈の中でとらえ直す。開発の歴史の中で、市井のいう、「快」を増やす指向から「苦」を減らす方向への視座の逆転[8]を考えていく。

3　開発の展開

(1) 開発を進めた発展史観

　米国のハリー・S・トルーマン大統領（1945-53年）は「低開発」という概念を発明して、開発と平和を結びつけた。社会が経済を軸として進化するという歴史観を、マルクスの唯物史観に対抗する経済成長段階説として『経済成長の諸段階[9]』に著した米国の経済学者W・W・ロストウは、ジョン・F・ケネディ政権のブレーンに任命され、1960年代の米国の政策に大きな影響を与えた。

　ロストウはすべての社会は「伝統的社会」、「離陸のための先行条件期」、「離陸」、「成熟への前進」、「高度大衆消費時代」の5段階のいずれかにあると規定した[10]。米国を先頭にすべての諸国が経済進歩という一本の線上に並んでいて、一段ずつ階段を登ればいずれは皆米国のいる5段階目に到達できるというわけである。

　一人当たりの生産高に上限のあった伝統的社会から経済成長可能な形に社会を変えることが進歩であるとされ、ロストウはさらに「より進んだ社会による

外部からの侵入」が「伝統的社会を解体」することを、「経済進歩は善の必要条件」という考えを広めるものとして正当化し、米国の第三世界諸国に対する開発政策を推進した。

　このように米国が「低開発」の第三世界に侵入することを開発として進めたことを、C・ダグラス・ラミスは著書『ラディカル・デモクラシー[11]』で批判した。種子の中に包み込まれていたものが芽吹くという development の語源による「内部に仕組まれた変化の展開」のイメージが「意図的に誤用[12]」され、環境や文化の破壊、社会関係や共同体の解体、地域の生活手段の強奪と世界市場への隷属のような活動[13]が development と呼ばれるようになった。そして「プロジェクトは自然かつ必然的であり、開発・発展の対象となった存在に正しくまた運命づけられた将来がもたらされるという印象を与える[14]」開発・発展イデオロギーが確立されたのだと批判した。

(2)　開発は貧困を解消する？

　すでに述べたように開発は利益（「快」）をもたらすと同時に「苦」を発生させる。関係者の中でも人や集団によって受益と受苦は不均等である。そうして生じる格差を正当化するのに利用された考え方が、ハーシュマンらが主張したトリックルダウン仮説[15]である。

　経済発展の初期では拡大する地域間格差（分裂効果）が、発展が成熟すると縮小する（浸透効果）という主張が米国をはじめとする各国政府に広く採り入れられた。しかしそこでは分裂効果は忘れ去られ浸透効果のみが強調された。すでに富裕な部分に集中的に投資することによってそのおこぼれが下方に滴り落ちて（トリックルダウン）貧困層にも経済成長が波及すると称して援助政策や開発政策がとられた。

　しかし地域内の貧富の格差を生み出す構造をそのままに、経済成長をすすめたことが何をもたらしたか。1999年に1対23.2倍だった南北の所得格差が2008年には1対82.5倍に拡大しただけでなく、それぞれの国の中でも格差が拡大している[16]ように、経済成長のおこぼれが下方を潤すことはなかった。富裕層の富がグローバル市場への投資で加速度的に増える一方で、それは富裕層への税率

の低い海外へ持ち出され、貧困層への税制や社会保障を通した再配分は少なく、分裂効果が浸透効果を圧倒しているのだ。

それでも経済というパイ全体を拡大すれば一人当たりの取り分を少しでも増やせるだろうか。残念ながら、そこには資源制約、環境制約という地球そのものの物理的限界がある。無限の成長はもう無理であり、経済成長によって格差を縮小することは不可能なのである。

国連「アジェンダ2030」においても、leaving no one left behind（誰一人取り残さない）と、環境的適正とともに社会的公正の実現が目標とされている。現在の世界の富の分配は限度を超えた矛盾を生み出し、社会の持続を不可能にする危機に瀕しており、持続可能な世界のための再分配の必要性が共有されている。

したがって、そこで提起されたSDGs（持続可能な開発目標）は人間社会の公正を実現することによって「開発を持続する」のでなく「人類と地球環境を永続させる」ことが目標である筈である。SDGsを掲げる国際社会が、開発主義の暴力にどう立ち向かっていくのかを注目していく必要がある。

4　開発と暴力

(1)　開発と平和研究

積極的平和には発展（開発）研究が対応するとしたガルトゥング[17]が開発に対してきわめて高い価値をおいていることを横山正樹は批判的に指摘した[18]。ガルトゥングは国家間および国内における直接的・構造的暴力の不在である「広義の平和」は、人間的ニーズの充足と生態系のバランスを意味するので「広義の開発」に等しいという。しかし、実際の開発（発展）はほとんどの場合、市井のいう不条理な苦痛を発生させる。第三世界や国内で周辺化されたより弱い立場の人びとだけでなく、環境破壊によって未来の世代にまで「苦」を押しつける。

しかし、多くの国々で貧困や保健衛生のような生存の危機は開発の不足によるものとされ、国策として開発が推進されてきた。問題が起きても、それは開発そのものに起因するのでなく開発の「方法」が悪かったのだとして、社会開

発・人間開発のように開発のモデルチェンジ（オルタナティブ）が次々となされ、開発そのものは問い直されなかった。

　東西冷戦下の第三世界への米ソの開発（援助）競争をとおして、「開発を諸政策の最優先目標に掲げて国家的動員を図るイデオロギー[19]」である開発主義は「開発教」と化して世界に広まって、私たち人類社会の「メインストリーム」が信じるものになり、考え方の前提となる枠組み、「開発パラダイム」として定着し、私たちの内面にまで行き渡っている。

　上記のように、現在と未来世代の他者の犠牲の下に実現される開発を、平和と同列に置くガルトゥングも開発パラダイムの枠内で思考を組み上げていると横山は批判している。理想の開発や開発のモデルチェンジをめざすのでなく、「開発＝善きもの」という思い込み・呪縛、開発パラダイム自体から脱却して、あらゆる暴力の克服をめざす「平和パラダイム」への転換を図るべきというのだ。では「開発＝善きもの」という思い込みから、私たちはどのように脱することができるのだろうか。

(2)　開発主義への対抗と内面化

　開発主義によって生み出された暴力を克服するために、開発パラダイム[20]の枠組みそのものを根源的に問い直したさまざまな議論がなされてきた。

　開発と平和が結びついた「経済平和」、さらにサブシステンスが人びとから引きはがされて資源に作り変えられる中、貧困が利益をとれるような形に作り直された「貧困の近代化」を批判したイヴァン・イリッチ、その考えの上に「経済成長によって小さなパイのピースも大きくなるというのは嘘」と喝破したラミス、環境を無料で無限の資源として破壊することを批判したヴァンダナ・シヴァ。多くの論者が、開発主義が世界の持続可能性を破壊し、物質的貧困を作り出すことを指摘してきた。

　しかし、限度を無視して自然を収奪して環境を持続不能にしながら、開発そのものを持続させようと目論む開発主義は私たち自身にも深く根づいている。水俣病患者として闘い続けてきた緒方正人[21]も、企業と国家が開発と豊かさを無理強いしているだけでなく、実は私たち自身も、自分たちの欲望を満たすため

にシステム、開発主義の構造と共犯関係にあることに気づいたという。

　周辺化・外部化された不条理な苦痛の当事者、水俣病被害者である緒方正人はある日「狂った」。モノに人間が支配されてしまっていることへの拒絶反応から「（身体が自然に動き出して）…テレビをぶっ壊して、車を二台ぶっ壊して」「自分を取り囲んでいる近代的なものへのある種の訣別というか、そういうものの存在しない世界へ行きたい」と思った。それは「加害者チッソといったときに、以前は自分と離れた別の存在と思っていました。会社であり、権力であり、体制だと思っていた。ところが、自分に問われていること──（水俣病＝筆者による加筆）事件の意味を考えている時に、私自身ももう一人のチッソだと考えるようになった」という。被害者である緒方の「テレビとか車とかいう近代的なもののなかにいる自分も、立場を逆転して考えてみると同じことをやったんじゃないかという"もう一人の自分"みたいなものが見えてきて、自分も水俣病事件の罪人というか、人として背負うものだ」という。

　残念ながら水俣病のように開発主義に起因する事件は、その後もアスベスト、さまざまな薬害、東電原発など各地で繰り返されている。しかし、それらの事件の当事者だけでなく私たち自身にとっても、開発主義からの脱却は個々人に内在する課題として議論されており、まだ不十分ながら暴力克服の行動が進められつつある。

(3)　暴力を作り出すもの──暴力の内面化

　開発が作り出した「貧困の近代化」のような暴力によってサブシステンスを破壊された当事者こそが、この産業社会の中で「unplugging（たんにプラグを抜くだけでなく、エネルギー浪費社会から脱却する[22]）」こと、「快」を増やすことに埋没している自身を相対的にとらえ直し、パックス・エコノミカに挑戦できるとイリッチはいう。

　経済成長をあらゆる問題を解決するための万能薬として使っていた時代を終わりにするため、現在のゼロ成長こそをそのきっかけにし、成長によるパイの拡大ではなくて、正義に基づいた分配という解決を求めるべき時がきている。今の競争社会を、相互扶助あるいは、人びとが互いに協力し合える社会に切り

換える。ラミスはその過程を「人間社会のなかから経済という要素を少しずつ減らす」「対抗発展（counter-development[23]）」と呼んだ。環境を破壊する経済成長ではなく「減らす発展」、経済活動の時間や値段のついたものを減らし、市場以外のあらゆる楽しみを増やし、発展させることを意味する。

　今世紀初頭に世界銀行は一人当たりの年間所得370ドル以下を貧困と定義したが、現金収入が少ない人びとは必ず貧しい生活を送っているのだろうか。自給自足で必需品の多くが賄えて困っていない生活も、所得という物差しで一括りに貧困とみなされ、解決するためと称して、BOPビジネスのような経済開発という介入の対象とされる。

　開発主義は自給自足経済を「近代化された貧困」の社会に作り変えたが、その開発によって生存に不可欠な天然資源が欠乏し、女性や周辺化された人びとに生態系の剥奪としての貧困化が進んだ。しかも彼らが貧しくなるにつれ市場経済が繁栄したのである。経済成長は環境を再生する自然の経済を破壊してきた。さらに、経済成長は民衆の生命維持経済を破壊してきた。食糧、水、健康、社会保障の供給といった、主に女性の労働から成っている非公式経済が、市場経済の不足を埋め、市場経済が健康を取り戻すのに必要なものを負担させられている。

　現在の経済の仕組みにおいては、市場の外で行われている、主に女性による家事や介護のような家庭内の仕事（アンペイドワーク）、地域のボランティア活動のようなものは、それがどれだけ人びとを幸せにし、社会の維持に貢献していても経済活動としては一切カウントされない。逆に人類を滅亡させるかもしれない戦争のための軍需生産と破壊、環境破壊の修復や補償などの後始末はGDPの増加に大きく貢献し、経済を拡大させるのである。

　すでにみてきたように、開発に伴う不条理な苦痛は主に周辺化された人びとや未来の世代のように日常からは見え難いところへ押しつけられる。その「苦」は水俣病や原発事故などの例をみてもわかるとおり不可逆であり、「快」（物質やお金）を代償とすることはできない。しかも、私たちも誰かに苦痛や犠牲を押しつけて成長する社会を正当化する開発主義を自身の中に内面化し、意図せずともその構造を支える一人になっているのである。

5　おわりに——開発主義からの脱却

　いま、世界を新型コロナウイルスのパンデミックが覆っている。今後の状況の変化は予断を許さない。ウイルスも人間も自然の一部であり、疫病そのものに経済社会的意味はない。しかし、開発主義の暴力がこの問題に反映し、平和の課題としていることは明言できる。

　まず、開発主義が推し進めてきたボーダーレスな経済活動、ヒトの動きがパンデミックを加速させた。さらに、万人平等に感染するかと思われるウイルスだが、さまざまな自然災害と同様に、経済社会的弱者への犠牲の集中が明らかになっている。貧困による栄養の偏りのための持病や、無保険で医療機関に行けないことが原因で症状悪化し死に至る例など、米国黒人の感染死亡者が白人に比べて非常に多いことが報告されている。日本でもこの流行により多くの非正規労働者やフリーランサーが失職、一方テレワークしたくてもできない現場で働く労働者も命の危険に曝されている。

　経済社会的格差を拡大する開発主義は、健康格差、命の格差をも拡大する暴力を生み出しているのである。

(1)　脱成長の道

　GDP は商品の量的な豊かさを示すものでしかない。セルジュ・ラトゥーシュは「二世紀にわたる経済成長と生産の果てしない倍増を経たいま」も私たちが物質的にすら満足できる状態にないと、「GDP の増大が幸福である」という考えを批判する。トリックルダウンがグローバリゼーションの進展によって、むしろトリクルアップ(不平等の増大)に転換したというのだ。

　商品の使い捨てというゴミの大量生産によって成立している先進工業国では、多くの人間もカネ儲けの手段として使い捨てられる。ほんの一握りの勝ち組以外の大半が負け組にされ、権利や尊厳を剥奪されて希望を失った人びとが大量に作り出されている。幸福と一人当たり GDP を同一視し、経済成長が幸福の原因とみなすのは間違いなのだ。

　金銭に交換できるモノをたくさん作り出すこと、カネをたくさん稼げる人間だけが評価される経済成長優先の社会は、人類のサブシステンスを破壊し、人間の尊厳を奪い続けてきた。開発主義からの脱却とは、経済成長をめざすかわりにサブシステンスを破壊する仕事や、カネを殖やすこと以外の何の価値をもたらさないような仕事を減らしていく過程であり、「市場以外のあらゆる楽しみ、行動、文化、そういうものを発展させるという意味」（ラミス）なのである。

(2)　脱開発と暴力の克服

　いまもなお多くの人びとは、世界に溢れる飢餓・貧困・疾病などが開発の不足によって起きており、開発によって解決できると信じている。それがうまくできないのは開発のやり方がまずいからという考えである。しかしすでに明らかになったように、このような問題は人びとがグローバル市場経済に組み込まれることによって引き起こされる経済力や権力の格差の拡大、自然環境や地域の生活基盤の破壊のような、「快」を追求する開発主義の暴力によるものである。このような「際限のない開発や経済成長はどうか、と問えば、いいか悪いかという前に、これはもう無理なのだ。そこには環境制約がある[24]」。したがってその暴力を克服するためには、開発のやり方を修正するのではなく、「開発主義からの脱却（脱開発主義）」をめざし「社会の優先目標とされてきた開発の前提化自体を検討し直」さなければならない。

　開発主義から脱却してパックス・エコノミカ（経済平和）でない平和（民衆平和）に近づくためには、私たちの「快」を増やす志向を「苦」を減らす方向へ逆転し、構造的暴力を含んだあらゆる暴力の克服をめざす方向へのパラダイム転換が必要である。そのためには自己と当事者（暴力の被害者）との関係性、つまりそこに存在する構造的暴力を被害者の視点から洗い直し、発見・分析することが必須であり、その営為こそが平和学のアプローチ・方法なのである[25]。

　水俣病被害者の緒方正人は「狂った」末についに「チッソは私であった」と気づいた。私たちの多くも水俣病をはじめとする公害、地球規模の環境破壊や、拡大する南北格差の歴史から、開発主義の暴力と非持続性を学んできた。しかし、初めにも述べたように国内での格差が拡大し、生活不安が身近に迫っ

てくるに及んで、ややもすれば「やはり成長しないとダメ」という議論に引き
ずられてしまいがちなのはなぜなのか。

　ひとつには、経済成長には地球環境制約という当然の限界があることが忘れ
られていること、また"自己責任"流行の下の「椅子取り競争」に駆り立てら
れた私たちに公正な分配への志向が弱まっていること、さらには排出量取引な
どでみられる「解決策はすべて市場の中にある」という洗脳、……等々が考え
られる。しかしこれらはいずれも開発主義の特徴そのもので、特に目新しいも
のではない。つまり私たち自身が普段からいかに開発主義を内面化し、自らを
無意識のうちに開発主義に適応させて生きようとしているかということがわか
るのである。

　したがって開発主義の虜にされないためには、経済を自然生態系の循環の中
に埋め戻し、金融を経済の中に埋め戻す、経済成長を前提としない市場と社会
への変革が必要なのである。

　緒方は不知火の自然の世界の中で"生かされて生きている"という感覚を
もったことから、欲望のシステムに本質的な意味があるのではなく、「信をど
こに置くかというところでもう一つ別な世界を創造するということ」がみえて
きたのだという。

　いままで開発主義の中に生きてきた私たちにとってそこからの脱却を具体的
に想定することはなかなか難しい。しかし、何度もいうように経済成長は何も
解決することができないどころか、世界の多くの人びとを生存の危機に陥れる
サブシステンスへの暴力である。平和の実現に貢献する平和学にとって、開発
主義から脱却して経済成長優先の幻想を捨てることは、暴力克服のための具体
的方法の第一歩なのである。

　1)　中心―周辺の関係については本書第6章で詳述する。
　2)　横山正樹「開発主義の近代を問う環境平和学」郭洋春・戸﨑純・横山正樹編著『脱
　　　「開発」へのサブシステンス論―環境を平和学する！2』（法律文化社、2004年）2頁。
　3)　TBS「ニュース23」1990年4月23日（第3章で既出）。
　4)　市井三郎『歴史の進歩とはなにか』（岩波書店、1971年）138-139頁。
　5)　市井・前掲注（4）126-131頁。
　6)　たとえば、廃棄物を環境中に投棄し汚染している生産者は、当然負担すべき処理コス

トを節約して環境に押しつけている。これは環境コストを外部化しているといえる。このように当然存在するはずのものを、生産や生活などの社会の仕組みの外側に追いやり、もともと存在しないかのように取り扱うことを外部化という。

7)　記録映画『水俣病　その20年』土本典昭監督、1976年。

8)　市井・前掲注（4）139頁。

9)　W. W. Rostow, *The Stage of Economic Growth; A Non-Communist Manifest*, The Syndics of Cambridge University Press, 1960. 邦訳書は W・W・ロストウ（木村健康ほか訳）『経済成長の諸段階』（ダイヤモンド社、1961年）。

10)　ロストウ・前掲注（9）7 -23頁。

11)　C. Douglas Lummis, *Radical Democracy*, Cornell University Press, 1996.　邦訳書は C・ダグラス・ラミス（加地永都子訳）『ラディカル・デモクラシー――可能性の政治学』（岩波書店、1998年）（本書第 3 章参照のこと）。

12)　ラミス・前掲注（11）104頁。

13)　サブシステンスの破壊。

14)　ラミス・前掲注（11）105頁。

15)　Albert O. Hirschman, *The Strategy of Economic Development*, Yale University Press, 1958. 邦訳書はアルバート・O・ハーシュマン（小島清監修、麻田四郎訳）『経済発展の戦略』（巌松堂出版、1961年）（本書第 3 章参照のこと）。

16)　高所得国と低所得国との比較。世界銀行『世界開発報告―貧困との闘い　2000/2001』465-466頁（シュプリンガー・フェアラーク東京、2002年）。

17)　Johan Galtung, *"Violence, Peace, and Peace Research"*, Journal of Peace Research, Vol. VI, No. 3, 1969, p. 183. 邦訳書はヨハン・ガルトゥング著（藤田明史編訳）『ガルトゥング平和学の基礎』（法律文化社、2019年）35頁。

18)　詳しくは、横山正樹「国際貢献のあり方と ODA の実像―開発パラダイムから平和パラダイムへ」『平和研究』24号（1996年）53-62頁を参照のこと。

19)　横山正樹「第三世界と開発・環境問題」横山正樹・涌井秀行『ポスト冷戦とアジア―アジアの開発主義と環境・平和』（中央経済社、1996年）42頁。

20)　「経済開発こそが最も重要でかつ達成可能な政策目標であるとする、観念の枠組み」。横山正樹「『開発パラダイム』から『平和パラダイム』へ」戸﨑純・横山正樹編『環境を平和学する！―「持続可能な開発」からサブシステンス志向へ』（法律文化社、2002年）42頁。

21)　緒方正人『チッソは私であった』（葦書房、2001年）。

22)　イヴァン・イリッチ／宇沢弘文対談「プラグを抜く」『世界』1981年 4 月号（1981年）149頁。

23)　ダグラス・ラミス『経済成長がなければ私たちは豊かになれないのだろうか』（平凡社、2000年）134頁。

24)　横山正樹「開発主義の近代を問う環境平和学」郭洋春・戸﨑純・横山正樹編『脱「開発」へのサブシステンス論』（法律文化社、2004年）8 頁。

25)　本書第13章を参照のこと。

第6章

近代世界システムと平和

宮寺　卓

1　はじめに

　日本で生活している私たちには想像し難いことであるが、この地球上には食べ物を十分に得ることができない人びとがたくさんいる。その人口は8億2000万人（2018年）となり、実に世界人口の9分の1が空腹を抱えて眠っていることになる。一方、いわゆる先進国では、好不況の波はあるものの、全体としてみればきわめて豊かな消費生活を楽しむことができる。この状況をひとつ取っても、私たちの住む世界は非常に歪んだ姿をしていると言わねばならない。また、こうした貧困問題の解決のためには経済発展が必要とされ、そのための努力が続けられている訳だが、少なくともこれまでの経験では、経済発展は消費する物資やエネルギーを、そして廃棄物を増加させることがわかっている。すでに地球の環境への負荷が限界に達していることは明らかであって、ここに大きな矛盾が存在することは容易に想像できることである。こうした問題を考え、解決策を見出していくためには、世界経済の仕組みを解明することが必要であることは明らかであろう。[1]

2　「経済」とは何か？

　世界経済の分析に入る前にまずは「経済」とは何かということを考えておく

必要がある。本書において私たちが考える経済とは、私たちの生命を維持していくために必要な物質的基盤と、それを維持する為の社会の仕組みの総体のことを指している。私たちは生きていくために食べ物を食べ、水を飲み、衣服をまとい、住居に住む必要がある。さらに種としての生存を確保するために、子供を育て、教育し、老人や病人は介護しなくてはならない。これらの必要なモノやサービスを絶え間なく供給していくこと、それこそが私たちの考える経済である。

　しかし、このような経済観は決して一般的なものではない。新聞の経済面を開いてみると、記事の内容は為替や金融、株式などお金に関するものが多いことに気づくだろう。その一方で、保育や介護などの問題は生活面に押し込められている。このような紙面構成の前提には、経済とはお金（貨幣）で売買される領域のことを指す、とする考え方があるように思われる。しかし、先に述べたような私たちの生命を維持するために必要なモノやサービスのかなりの部分は、貨幣を媒介とせずに生み出され、用いられているのである。私たちの考える経済概念を「広義の経済」とするなら、この一般的な経済観は「狭義の経済」ということになろう。

　経済を考えるときのもうひとつの重要な視点は、私たちの生命を支えるモノとサービスは、空気を除いてすべて人の手によって、つまり労働によって作り出される必要がある、ということである。もちろん物理的にはすでに存在する物質に改変を加えているだけで、物質を生み出している訳ではない。しかし同時に、自然界に存在するモノに人間の手を加えずに利用することもできないのである。自然の果実等を食べる場合でも、採集する労働が必要なのだ。人間は社会を形成して生きる動物なので、こうした労働は常に他の労働との何らかの関係の中にある。その中で最も重要なのは「分業（division of labor）」と呼ばれるものである。

　分業とは文字通り、労働を分割するという意味である。分業には2つのタイプがある。ひとつは工場における流れ作業にみられるように、労働のプロセスを分割し、各人で役割分担するものである。もうひとつの分業のタイプは生産物を交換することで行うものだ。たとえば、一方の人が山で獲物を捕り、他の

人が海で魚を捕ってそれぞれ交換するといった方法である。このタイプの分業は効率（労働生産性）の向上が見込めるだけでなく、経済の範囲が拡大することによる利益、たとえば内陸部で海産物が食べられるなどの効果がもたらされる。私たちは現在きわめて多種多様なモノを消費して暮らしているが、この多様性は世界大に広がった分業のネットワークのお陰なのである。なお、後者のタイプの分業を社会的分業と呼ぶ。

　このように分業は一般に参加者に利益をもたらしうるものであるが、分業の仕組みをどのように編成するかという問題は、実はかなりの難問である。分業のポイントは役割分担であるから、単一の分業を構成する労働はそれぞれ質的に異なるものである。それぞれの労働の難しさや厳しさ、危険度などはすべて異なることになる。労働の対価は生産されたモノやサービスの配分を受けることだが、これを単純に均等割りにしたのでは、厳しい労働に従事する人が不満を覚えるかも知れない。さらに、老人や病人、障害者など、通常の労働に従事できない個人をどう考えるかという問題も考えなければならない。要するに分業に参加する一人ひとりにどのような労働を割り当て、その対価としての生産物の配分をどのように行うかを決定するのは、容易なことではないのである。[2)]

　今日の世界経済における社会的分業は世界全体を包み込むまで広がっている。このように拡大することができたのは、従来とは全く異なる方法を用いたことによるのである。それは市場の機能である。市場経済においては、生産されたものは市場において貨幣を媒介として自由に交換される。さらに何を生産するか（どの種類の労働に従事するか）を選ぶのも自由である。こうすることで社会的分業のあり方を市場が自動的に調節することができる。例をあげよう。ある労働（たとえば漁労）が非常に辛いものだとしよう。するとその労働に従事する人は次第に減るだろう。しかし、漁師の数が減ると生産される魚の量が減ることになり、市場で魚の値段が上昇することになる。そうなると、得られる貨幣の量につられて漁師を続ける者が多くなるだろう。逆にある種の労働に従事する人が多くなり過ぎれば、その労働によって生産されるモノやサービスの価格は下がるので、次第に従事する者が減ることになろう。このように市場の自動調節機能によって以下の２つのことが期待できる。ひとつは、社会にお

いて必要とされるモノやサービスが過不足なく供給されるということ、もうひとつは平均的な厳しさ（強度）の労働に対する対価が等しくなるだろうということである。

　市場の機能により社会的分業の範囲が拡大したことで、私たちは南米産のコーヒーもインド産の紅茶も容易に手に入れることができるようになった。しかしながら、この分業の体系には大きな欠点がある。それは、冒頭で触れたように、貧富の格差がきわめて大きいことである。ひとつの国の中での格差も問題であるが、それよりも先進国といわゆる発展途上国の間の格差は驚くべき状態である。途上国の輸出加工区の工場を訪れるとわかるが、設備全体を日本などから移転しているので、労働の内容は日本と変わらないのに、賃金率はしばしば10分の1以下という低さである。先ほど市場の機能として同じくらいの厳しさの労働に対する対価（賃金を含む）が平均化してくると述べたが、現実はそうなっていないことになる。

　どうしてそのようなことが起こるのであろうか。その理由は資本や商品が自由に国境を越えて移動するのに対して、人間には国籍という政治的な属性があり、その移動には制約があるからである。たとえば先進国に賃金の高い仕事があると聞いて、移住してその仕事に就こうと思っても、それには非常な制限が加えられている。先ほど述べた市場経済の仕組みの中の、自由に労働を選択できるという部分が、その通りには機能していないのである。

　また、もし私たちの所得が10分の1になったら、到底生きていくことはできない訳であるから、これほどの労働に対する対価の違いが存在しうる仕組みも明らかにされねばならない。この問題を考えるためには、労働力の再生産ということを考える必要がある。人間は労働によってさまざまな生産を行う訳だが、労働することによってその人のもっていた労働力（労働する能力）は使い果たされてしまう。具体的には、一日の仕事の後には食事や休息、睡眠がなければ、次の日の労働を行うことはできない。このようにして次の日の労働を可能とすることを労働力の再生産と呼ぶ。さらに、いずれはその人も年を取り、引退しなければならなくなる。その時に備えて次の世代の労働力を用意しなければならない。すなわち子どもを産み、育て、教育して労働に従事できるよう

にする必要がある。この次の世代の労働力を生み出すことも労働力の再生産の重要な一部である。労働力の再生産はほとんどの場合、世帯（household）を単位として行われている。この労働力再生産の営みは、料理、掃除、洗濯、育児、介護などの主として世帯内におけるサービスであり、多くの場合、主として女性が無報酬で従事している。

　労働力再生産にはそうしたサービスだけでなく、食料を初めとするモノが必要になる。私たちの生活ではほとんどすべてお金を出して買ってくることになろう。しかし、いわゆる途上国の場合は、人口のかなりの部分が農村部に暮らしていたり、都市住民も農村に親類がいることが多い。そして農村では市場向けの農業生産と並行して、自給向けの生産が盛んに行われている。こうして自給的に生産された食料などが、労働力再生産に役立てられるのである。こうした自給的生産に頼ることができる世帯の場合は、賃金が非常に安くても、自給向け生産によって補うことで生活を維持できる。一方、農村とのつながりがまったくない世帯では、日々必要な食料などのすべてを賃金で賄う必要があるので、十分な賃金がなければ文字通り生きていけないことになる³⁾。

　このように自給的生産により労働力再生産のコストが低いことが、先進国といわゆる途上国における労働に対する対価の著しい違いを可能とする。ここではこうした自給的生産のことをサブシステンス生産とし、こうした自給的な経済の領域のことをサブシステンスと呼ぶことにしたい。すなわち、ここでいうサブシステンスとは市場経済の外部に存在する経済の領域という意味である。今日の世界経済における分業は市場によって媒介されたものである以上、通常の理解では市場を通らない自給的生産物は分業に含まれないと考えられがちである。しかし、そうしたサブシステンス生産が行われることで、初めて世帯内の賃金労働者は現在のような低賃金で働くことができるのであるから、サブシステンス生産は少なくとも市場経済における分業の下支えとして機能していることは明らかである。さらにこうした低賃金労働力の存在は世界経済において欠くことのできないものである以上は、サブシステンス領域は実質的に世界的な分業の体系の一部をなしており、しかも市場においてその価値を認められていないということになる。

　むしろ、今日の経済を構成する社会的分業には、高い評価を受ける労働、低い評価を受ける労働、まったく評価されない労働、の三種類の労働が組み込まれていると考える方が、より現実の経済の姿に近いはずである。ではこのような状況がどのようにして生まれてきたのか、節を改めて考えてみたい。

3　資本主義世界経済

　市場の機能によって分業を編成する仕組み、すなわち市場経済がここまで広がったのは、前節で述べたとおりそれが機能的に優れていることによるものである。しかし、歴史的に見て近代における市場経済の拡大のペースは非常に速く、それは何らかの強力な要因が働いていると考えるべきである。その要因とは「資本」である。

　まずは第2節で述べた分業の編成の説明を思い起こしていただきたい。市場によって社会的分業を編成する場合には、貨幣（お金）がその媒介として用いられる。貨幣の性質としてどんなものとも交換することができ、またいくらでも貯めておけることから、その分業に参加している人々の間に、なるべくたくさん貨幣を手に入れようという動機が生まれるのは、当然のことである。その動機に基づいた経済行為は、利潤（もうけ）の獲得のみを目的とするものとなる。商業であろうと、農業であろうと、あるいは製造業であろうと、この動機に基づいた経済活動は利潤の獲得を目的とするという点でまったく同じである。利潤を獲得する為には、商業なら仕入れをし、工業であれば原料等を確保するために、事前に資金を用意する必要がある。この資金が資本である。商品や生産した農産物や工業製品を売って得た売上金が、資本よりも大きければ、利潤が得られたことになる。

　市場では買い手は同じ質のものであれば安い商品を選ぶので、そこには自ずと競争が生まれる。この競争においては資本の額が大きい方が有利である。資本が大きければ、大量に仕入れて安く売ったり、機械設備を導入して生産のコストを下げることができるからである。そのため販売によって得た利潤は楽しみのために使ってしまうのではなく、資本に合体させて次の期間の経済活動に

投じなくてはならない。つまりこの競争は雪だるまのように自らを増殖させようとする資本の間の競争なのである。このような資本の間の競争が社会の骨格を形作るような社会状況が資本主義と呼ばれるものである。

　さて、利潤を確保するためには、最初に投じた資本の額より、売り上げとして回収された資金が十分に大きくなければならない。投じられた資本は設備や原材料、そして労働者への賃金などとして用いられる。そこで利潤を確保するためには、一定の生産量に対してこれらの費用を少なくすることが重要となる。設備や原材料を減らすのは難しいので、賃金を減らすのが最も簡単で効果的な方法である。前節でみたように、賃金率は国によって大きな違いがあるので、賃金率の安い国に工場を移転するのが大変効果的となる。近年日本の企業が先を争うように海外に工場を移転しているのはまさにこの理由からである。

　このように国境を挟んだ賃金率の格差を利用することは、最近の現象なのであろうか？　ウォーラーステインは、世界システムという概念を提示する中でそうした考えを否定し、労働投入量の割に値段の低い商品を生産する地域（つまり、より安価な労働力で商品生産が行える地域）と、相対的に高価な商品を生産する地域との間に社会的分業が存在することこそが資本主義（近代世界システム）の本来の特質であると主張している。つまり、政治的境界によって両地域が恒常的に分節化され、その境界をまたいで分業が成立することで、後者は前者から経済余剰を吸収することができる。経済余剰とは労働の成果の内で労働力再生産に必要とする以上の部分ということである。これは水位の違う2つの池をつなぐことでその間の水位差をエネルギーとして取り出すことに似た作用である。これを利潤として獲得し資本を蓄積することが資本主義の歴史を通して主要な蓄積のメカニズムであると、ウォーラーステインは考えるのである[4]。世界システム論では、経済余剰を供出する地域は周辺（periphery）、吸収する地域は中心（core）と呼ばれる。

　市場経済に組み入れられながら半分だけサブシステンス領域に依拠する生活は、概ね貧しく苦しいものである。そのためこうした状況に置かれた人たちは、都市に移住するなど、サブシステンス部分を減らし、現金収入を多くしようとする傾向にある。すると利用可能な安価な労働力が減少することになって

しまう。そこで、新たな地域を資本主義世界経済の中に取り込み、安価な労働力の供給地として組み込む動きが発生する。こうして西ヨーロッパに発生した資本主義は次々とその領域を拡大し、ついに世界のほぼすべてを組み込むに至った。

　こうしてみてくると、単一の分業の体系を分節化する、という構造を維持することが資本主義世界経済において最も重要な要素であることが見て取れる。この構造を維持するためには、政治や文化の作用が必要不可欠である。具体的には第二次世界大戦までの期間は、資本主義世界システムに組み込まれていない地域を、軍事力により征服し、植民地とすることで世界システムの周辺部に組み込む作業が続けられた。組み込まれた後は人種差別のイデオロギーが重要な役割を果たした。なぜ周辺部の労働が低く評価されるのか、その理由を人種の違いによって説明したのである。すなわち、植民地化により新たな地域をひとつの分業の体系に組み入れ、人種差別により分節化したのである。

　第二次世界大戦後はすでにほぼ世界中が資本主義世界システムに組み込まれてしまったので、まったく別の装置が必要になった。それは民族自決主義による植民地の独立と、開発・発展イデオロギーである。この段階において、急にすべての人間はそれぞれひとつの民族（nation）に属し、それぞれの民族はひとつの国家（state）をもつ、という考え方が強調されるようになった。そうはいっても大半の植民地には元々そのようなものがある訳ではないので、もとの宗主国から植民地をまるごと譲り受けた独立政府が、植民地の境界線をそのまま国境として国家を樹立し、中に入れる民族（nation）は学校教育を通して一から作り出していかねばならなかった。

　このような独立国家の形成は、世界システムにとって不可欠な労働の分節化という観点からみて、人種差別イデオロギーよりも効率的な機能を果たした。植民地であれば宗主国がその地域の責任を背負い込むことになり、また支配のための軍事力の負担も大きいのに対し、主権国家はその配下の地域に対してすべての責任を負い、かつ国境線を自ら守ろうとするからである。こうして旧植民地は新たに独立国として資本主義の分業体制に組み入れられた。そこで周辺部の労働が低く評価されることの説明をする役割は「開発・発展（development)」という言説であった。賃金が低く貧しいのは、国の経済が遅れているからであり、開発・発展さえすれば豊かになれるという説明が、新興独立国の教育やマスメディアを通してなされ、広く受け入れられたのである。

4　おわりに

　本章では社会的分業という視点から世界経済の見方を考えてきた。こうして見てくることで、資本主義世界経済を構成する分業の体系の中に、対価を支払われない、あるいは少ししか支払われない労働が大量に含まれていること、そしてそれが中心・周辺構造に合わせて非対称的に配置されていることが明らかとなった。冒頭で述べた豊かさの不均衡は、このような構造によって生み出されたものなのである。そしてこの構造は単純に経済的なものではなく、政治・文化的な仕組みによって形成され、維持されている。今日私たちがその中で生きている国家も、開発主義や人種差別などの各種のイデオロギーも、こうした構造を保持する必要から生み出されたのである。したがって、資本主義経済のもたらす問題に直面し、その改革を求めるならば、政治や文化の諸側面を含めた全面的な再検討が必要となるのである。

1) 本章ではI・ウォーラーステインの世界システム論を手がかりとして筆者なりの分析を行っている。世界システム論は比較的新しい考え方であり、特に経済のとらえ方については従来の経済学等とは異なる部分が多いので注意されたい。
2) 歴史的にみて古くからある方法は、文化や政治の仕組みによるものである。小規模な共同体においては、各労働の価値付けが慣習的に決まっていて、価値付けの高い労働を行うもの、また上手に行うものが共同体の中で尊敬されるといったケースが多い。強力な国家機構が成立している場合には、軍事的支配力を背景に特定の産物の貢納や賦役を課することができる。いずれの場合も、分業の編成を維持する為には大変なエネルギーが必要であった。共同体の場合は儀礼（祭）などによって労働への価値付けの体系を定期的に再確認する必要があるし、国家の場合は軍事力や徴税機構を維持する為に多くの資源が必要であった。
3) 労働力再生産のコストが低い理由には、食料などの自給的生産の存在だけでなく、そうしたものの市場での価格が低いことも、大きな要因である。しかし、そうした地域市場で販売される商品が安いのは、多くの場合そうした商品（食料）を生産する農家にお

いて自給的生産が行われていることによるものである。

4)　低賃金の労働力を用いるといっても、工場を移転して直接雇用しなければならないということではない。しばしば行われたやり方はこのようなものだ。まず武力で占領して植民地として支配し、農民に税金を課す。農民はトウモロコシや小麦などの市場向け作物を作り、市場で売って現金を稼ぐ。このとき、市場での作物の価格がきわめて低くても、先に説明したようにサブシステンス生産に頼って農民は生きていくことができる。このように市場を通して、相手の作る商品を安く買うことで、相手の労働力を安価に利用することができるのである。

5)　分節化とは一続きの全体をいくつかに分けるという意味である。ただし、分けられた部分はあくまで全体の一部である。たとえば、身体に対して腕は部分であるが、身体から切り離されてしまっては用をなさない。一方、関節によって胴体と分けられていなければ、自由に動かすことができない。このように区分されながらも全体の一部である状態にすることを意味している。

第7章

開発・安全保障パラダイムから脱「安全保障」へ

蓮井　誠一郎

1　はじめに

　本章の目的は、平和実現のための主要な手段とされた「開発（development）」や「安全保障（security）」が構造的暴力の大きな原因となってきたという背景から、これらのパラダイムを相対化しつつ、サブシステンス志向の平和学の重要性を国際政治学の視角から説明を試みることにある。

　開発と安全保障という政策概念の歴史を振り返ると、新しい開発論に連動した新しい安全保障論の登場が繰り返されたことがわかる。両者は「開発のための安全保障」という思想の下、相互に関連した政策セットとして用いられる、いわば共犯関係にあった。開発パラダイムは国際政治学からみるなら、「開発・安全保障パラダイム」だったといえる。

　サブシステンスを守るためには、この「開発・安全保障パラダイム」を相対化することが重要であるが、これは脱「開発」と同時に、脱「安全保障」をも意味する。しかし、現在の脱開発論の多くは、この安全保障というパラダイムについての議論が不十分ではないだろうか。そこで本章では、開発と安全保障の関係を論じ、平和学におけるパラダイムの転換が導く脱「安全保障」の必然性を、サブシステンス志向の脱「開発」という視点から論じる。

2 開発と安全保障の共通点

1992年と2005年の国連開発計画（UNDP）『人間開発報告書』に描き出された世界の富の偏在、いわゆる「シャンペングラス」の図からは、現在の世界システムにおける貧富の格差のとどまることがない拡大が読みとれる[2]。

同時に安全（security）の格差も拡大している。世界システム中心部ではいわゆる先進国間の戦争が想定し難くなり、カール・ドイッチュの指摘した安全保障共同体（security community）のような状況が固定化されつつある。その一方で世界システム周辺部では、貧富の格差、抑圧、環境破壊、飢餓、武力紛争が後を絶たず、不安全（insecurity）が高まっている。

ではなぜ、開発と安全保障は、暴力を増大するのか。それは、開発も安全保障も、それらを推進することによって、開発については価値獲得と価値剥奪、安全保障については安全と不安全という効用と代償、言い換えれば「快」と「苦」を生み出し、かつその配分が不当なためである。

第1に、開発にはジレンマがある。一方で開発なしには経済は成長しないとも考えられている。だが他方で社会的な営みである開発によって得られる諸価値は、その社会の権力関係を反映する法律などの社会的諸制度を通じて配分される。この権力関係に大きな格差があるとき、たとえば開発推進主体と被開発地域の住民との間の政治的な発言力の差が大きいとき、強い側に経済的利益などの価値獲得（快）が偏り、権力の弱い側に環境破壊などの価値剥奪（苦）が押しつけられる。つまり、開発を推進すれば受益圏と受苦圏との隔絶が起こるのである[3]。

第2に、開発にはパラドックスがある。たとえば民主的な社会であれば実現が困難なほどの大規模開発を敢行したにもかかわらず、世界システム周辺部では国民のサブシステンスは破壊され、国内で暴力は増大し、かえって人びとの生存を脅かしている。にもかかわらず、途上国はいつまでも先進国に追いつけない[4]という現実がある。

このような問題の背景には、世界システムの中心・周辺間の権力格差だけで

なく人間と環境との間の権力格差がある。現代世界では、人間が環境（自然生態系）よりも優先される人間中心主義の傾向がある。だが、人間社会における権力格差の源泉である世界システムの中心・周辺間の権力格差は今や、人間と環境との間の権力格差を超える格差となっている。そこでは権力の強い人間とその環境が、権力の弱い人間よりも優先される。よって、最も権力が弱いのは、権力の弱い人間が暮らす環境すなわち周辺の環境である。そこに開発の苦が集中的に押しつけられる。それによる周辺での環境破壊は、当然そこで暮らす人びとのサブシステンスを破壊していく。だがその事実は、世界システムの政治的境界線（国境など）に阻まれて、中心部の人びとの認識には深く入り込めず、対応は遅れがちである。[6]

　ところが苦を集中的に押しつけられた世界システム周辺の環境と中心の環境は、地球というひとつの生態系としてつながっている。環境は周辺部から崩壊を始め、それは気候変動をはじめとする地球環境問題へと拡大し、中心に住む人びとのサブシステンスをも奪いつつある。これが開発のもたらした不当性、言い換えればグローバルな構造的暴力の一側面である。[7]

　国際社会の営みである安全保障も開発と同様である。第1に、安全保障にはジレンマがある。軍事主義（militarism）に基づく伝統的な国家安全保障概念から導かれる抑止などの諸政策は、軍事力を主な手段とする。軍事力は、自国の安全保障の増進と引き替えに、隣国や対立する相手国の安全保障上の脅威をもたらしてきた。

　第2に、安全保障にはパラドックスがある。世界システム中心部の諸大国は、相手の強力な力ゆえに自らの安全保障（軍事的優位）を際限なく追求した。その結果、軍拡競争により、人類を何度も絶滅させることが可能な量の兵器を蓄積し、わずかな誤認や焦りやミスが自国を滅ぼすという形で、逆に自らの安全をも損なってきた。

　安全保障の権力関係についても不当性がある。「安全保障」という概念には、「守る力のある者（＝国家）が、その力をもたない者（＝国民）を守る」という権力格差を前提とした含意がある。国家の安全がすなわち国民の安全だとするフィクションが、それを正当化してきた。だが実際には安全保障の追求

は、国家を代表するとされる政権と特にその政権に批判的な国民との間にジレンマを生み出した。

　それだけでなく安全保障の追求は、先進国に蓄積され世界に拡散した小型兵器の例のように、諸大国の周辺諸国や大国同士の対立に直接関係ない中小国の人びとの安全を不当にも脅かしてきた。また武器の拡散と殺人技術の進歩は、テロリズムや武装勢力の力を増し、国境を越えて先進国にとっての安全保障上の脅威となっている。

　このように開発と安全保障に共通する性質は、①利益や安全などの「快」だけではなく不利益や不安全などの「苦」が発生する、②自らの快を優先して追求して発生した苦は外部や弱者へ押しつけるという、権力を利用した不当な快と苦の配分を行うことであるといえる。このような共通点は、両者が同じパラダイムから派生した概念であることをも示唆する。

3　開発と安全保障の相関関係

(1) 国家安全保障と国家の経済開発

　開発と安全保障の戦後史を振り返ると、それぞれが開発主義（developmentalism）と軍事主義（militarism）から生まれ、次々に改良版が発明されつつ、ある種の相関関係にあったことがみえてくる。一方に大きな政策や概念上の変化があれば、他方にもそれに連動した変化が起こった。それらは「新しい開発論」、「新しい安全保障論」として提示されてきた。図7-1に示したように、開発と安全保障は政策上も概念上も、常に関連づけて考えられてきた。

　すでに、第二次世界大戦直後の米国で、開発と安全保障の深い関係は存在した。というのも、国家安全保障にとって重要な「国力」とは、軍事力だけでなく人口や地勢、経済、政府組織など、開発にかかわる多くの側面をもった概念だからである。安全保障が開発と概念上で距離を置くに至ったのは、冷戦という巨大な軍事対立ゆえに安全保障の焦点が戦略研究などを通じて軍事に偏ったためと考えられる。しかし、その冷戦期においてすらも、政治の実践においては、開発と安全保障は常に互いに関連づけて考えられてきた。

図7-1　開発と安全保障の歴史と平和パラダイムによる対抗

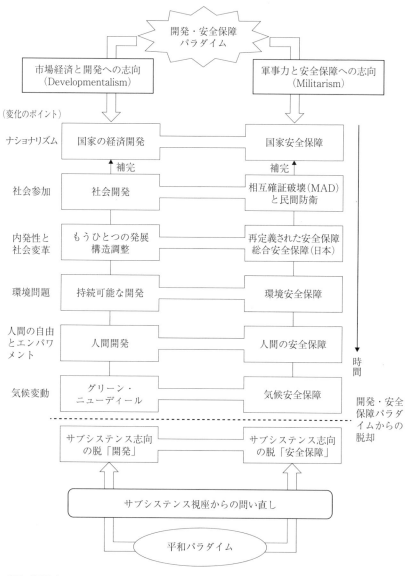

出所：筆者作成

　ハリー・トルーマンは1949年 1 月の大統領就任演説で、いわゆる低開発地域（underdeveloped areas、後の途上国）への援助計画（ポイント・フォア計画）を発表しつつ、低開発地域の近代化と生産拡大が、そこに暮らす人びとの「平和」のためだと主張した。[8)]その背景には当時の冷戦があり、それを前提とした経済開発支援は低開発地域の安全保障のためだけではなく、冷戦で共産主義と戦う米国の安全保障のためでもあった。トルーマン自身も後にそれを裏付けている。[9)]そこには「平和（安全保障）のための開発」というそれまでにない考え方があった。

　この時期、米国以外の地域の安全保障は、開発に対してその優先順位を低下させた。というのは、49年 4 月のNATO創設をはじめとする、米国の同盟諸国の安全保障政策は、より直接的にその地域を防衛するだけではなく、マーシャル・プランなどの援助計画が機能するための時間を稼ぐことを目的とした。[10)]それはすなわち「開発のための安全保障」であることを意味したからである。

　このことは重要な問題を提起する。開発と安全保障の主従関係が、トルーマンの主張「平和（安全保障）のための開発」とは逆転したのである。

　そしてこの「開発のための安全保障」という思想には、実は大きな問題がある。もし「安全保障のための開発」であるなら、当面の安全保障が達成された段階で、それ以上の開発は無用となる。ところが、「開発のための安全保障」であるなら、開発の行く手には地球環境という物理的制約しかなく、実際に地球規模の気候危機が叫ばれているように、開発はその制約の限界まで邁進することになる。そして開発に反対する人びとは、「国家安全保障上の脅威」とみなされ、攻撃と排除の対象となる。事実、冷戦期に国家が推進する開発事業に反対する人びとへの途上国諸国政府の厳しい対応は、まさにこの国家安全保障を口実にした攻撃と排除の繰り返しであった。国民を無視した強引な開発事業が、多くの国々で行われた背景には、このような開発と安全保障の主従関係の逆転があったともいえる。

　戦後の開発と安全保障は常に相互に関連していたというのが実情であった。経済開発を最重要かつ実現可能な政策目標とする「開発パラダイム」は、実は

開発と安全保障がお互いを必要としながら経済成長と軍拡による「平和」（消極的平和）をめざそうとする「開発・安全保障パラダイム」であった。そしてこのパラダイムの構造は、その後も補完・強化されながら存続してきたのである。

(2) 開発と安全保障の再定義から環境主義の開発と安全保障へ

80年代頃まで、開発学や開発経済学の分野では社会をいかに開発に参加させることができるか、という議論が開発の再定義を推進した。同時に、国際政治学では安全保障概念の再定義が議題となっていた。このとき、経済などの開発に関わる非軍事的な要素が、国家安全保障の重要な対象や手段だとされた[11]ことが特徴だった。これを従来の学説のように「安全保障概念の拡大」ととらえることもできよう。だがここで重要なのは、前述のような「開発のための安全保障」という、ポイント・フォア計画以来、主に「低開発地域」で脈々と続いてきた構造が、徐々にそこでの戦争が非現実的になり始めた、先進国における安全保障概念にも影響し始めたことである。

たとえば80年代初期に日本で議論された総合安全保障では、経済などの非軍事的な分野も安全保障の対象[12]とされていた。それは必ずしも安全保障の非軍事化を志向せず、総合安全保障のためには、非軍事的な手段による軍事的安全保障だけではなく、たとえば経済的利益を軍事力で守るという、軍事的な手段による非軍事的安全保障の達成も想定されていたのだ[13]。「安全保障のための開発」という枠組みからは経済的利益のために安全保障を危険にさらすことは本末転倒である。だが、論者たちは経済が安全保障の対象であると規定することで、その問題を乗り越えることをめざしたのである。

よってこの頃に再定義された安全保障とは、経済開発競争を前提として、それに伴うさまざまな環境問題、開発の失敗や格差拡大によるテロ、内乱や地域紛争といったリスクに対処するための危機管理、いわば「開発のための安全保障」論の産物であったといえる。この議論の深層にあったのは、軍事的手段による安全保障の擁護者（伝統主義者）と、非軍事的手段（すなわち開発）による安全保障の擁護者（拡大主義者）との間での、安全保障の意味内容や手段をめ

ぐる権力闘争というよりも、開発主義を通じた両者の協調関係[14]であった。

　この後、80年代後半以後の新しい開発論を特徴づけた持続可能な開発（sustainable development）と同時に注目された、環境安全保障についての議論は[15]、環境主義の台頭がその背景となった。両者は、1972年の報告書『成長の限界』にあるような、このままでは「人口と工業力のかなり突然の、制御不可能な減少[16]」が起こる見込みが強いという危機感を出発点にしたものであった。この報告書が示唆したのは、「安全保障のための開発」が、逆に安全保障を脅かすという重大なパラドックスであった。だが同報告書は「成長の趨勢を変更し、将来長期にわたって持続可能な生態学的ならびに経済的な安定性を打ち立てることは可能[17]」だとも指摘し、所与のパラダイムの枠内での解決に希望をつないだ。その後、環境と開発の妥協点を探る議論がなされ、その集大成としての持続可能な開発を有名にしたブルントラント委員会は「将来世代の必要を満たす能力を損なうことなく、現在世代の必要を満たすこと[18]」と定義した。

　この持続可能な開発は、特に1992年の地球サミット以来、強力な政策的スローガンとして定着した。それは2015年には持続可能な開発目標（SDGs）として国際的な開発目標にまで昇華し、日本社会でも平和学を含めて重要な議題として受け入れられている[19]。しかし国連総会で採択された「持続可能な開発のための2030アジェンダ」では「我々は、すべての国が持続的で、包摂的で、持続可能な経済成長と働きがいのある人間らしい仕事を享受できる世界を思い描く」、「平和なくしては持続可能な開発はあり得ず、持続可能な開発なくして平和もあり得ない[20]」など、開発・安全保障パラダイムの論理が見て取れる。持続可能な開発と関連の政策概念は、途上国でのさらなる経済開発を正当化し促進する政治的な概念として提出されたものであった。

　そしてその途上国での環境破壊に伴う紛争に着目したのが、これと対応関係にある環境安全保障であった。両者は、開発が環境を破壊し、環境破壊が紛争を引き起こす、という論理に沿って役割を分担している。持続可能な開発が「環境破壊を抑制する」と称する開発を志向し、そのような開発が安全保障上の脅威となることに、環境安全保障が対応している。「開発のための安全保障」の構図は、ここでも見て取れるのである。

4　グリーン・ニューディールと気候安全保障

「グリーン・ニューディール」とは、イギリスの Green New Deal Group が 2007年から10年まで続いた世界金融危機のさなか、リーマンショック直前の 2008年7月に発表した報告書のタイトルであった。この言葉はいわゆる「グリーン・エコノミー」を象徴するフレーズとして、国連開発計画（UNEP）でも "Global Green New Deal" という表現で2008年から用いられ、オバマ政権でも「2009年アメリカ復興・再投資法（ARRA）」として具現化した。これらの動きは、当時権勢を振るっていた金融業界とそれが支えていた製造業など古い経済とが直面した危機に対し、気候変動対策を理由とした環境部門への大規模な投資によって危機の克服を図ろうとしたものであった。

　これと歩調を合わせたかのように、2006年から2008年の間に、まずはイギリスやドイツが先進国首脳会議や国連総会や安保理などの舞台で気候変動が安全保障上の脅威となっているという議論を展開・主導[21]した。当初議論を主導したのは欧州だったが、アメリカもすぐに2007年から2009年にかけて多くの報告書を政府系シンクタンクなどから出し[22]、日本でも環境省が2007年に報告書を出す[23]など、国際的な議論が一気に活発化した。その結果、気候安全保障（Climate Security）という概念が世界的に注目されることとなった。

　気候安全保障とは、気候変動が自然災害だけでなく、社会的・経済的な悪影響を与えることで、組織的暴力の発生や武力紛争という政治問題すなわち安全保障上の脅威にまで発展しうるため、これに対応できる新しい国際秩序や政策が必要だという認識に基づいた安全保障論である。

　図7-2は、その論理の例である。開発による不都合な気候変動は、災害や海面上昇や資源枯渇をもたらし、それらが経済活動を困難にする。そこに貧弱な統治などの悪条件が加わると、政治的不安定などの問題につながり、やがては武力紛争にまで至る。これは環境安全保障論と同じ考え方である。

　このとき、新しい開発論であるグリーン・ニューディールは環境問題と社会経済問題の領域に主に関心をもつが、気候安全保障は環境問題を原因とする政

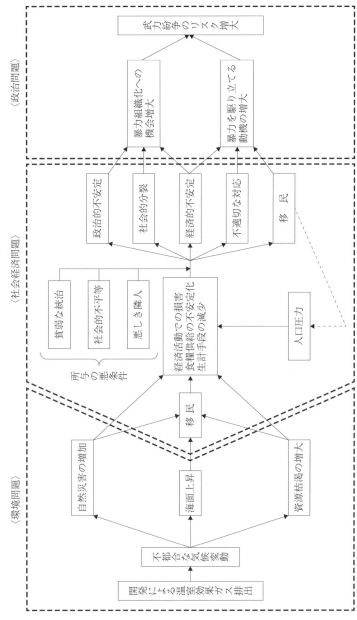

図7-2　気候安全保障の考え方の例

出所：Halvard Buhaug, Nils Petter Gleditsch and Ole Magnus Theisen, 2008, "Climate change, the environment, and armed conflict". Paper presented at the annual meeting of the ISA's 49th ANNUAL CONVENTION, BRIDGING MULTIPLE DIVIDES, Hilton San Francisco, SAN FRANCISCO, CA, USA, Mar 26, p.14. に一部加筆。

治問題の領域に主な関心をもつ。そして気候安全保障論では、原因となる気候変動に対していかに緩和・適応するかが安全保障のための手段となることがこれまでの安全保障論にはない新しい特徴である。だがそれこそが、これまでみてきたような開発論と安全保障論の共犯関係の一例なのである。

　すなわち、金融危機を背景にしつつその克服のために導入が主張されたグリーン・ニューディールを正当化する論理として、気候安全保障論は構築されたとも考えられる。特に安全保障問題となるとアメリカは積極的に取り組む傾向が強い。アメリカが気候安全保障を語る場合に必ず出てくるのが、気候変動はアメリカの国家安全保障上の脅威であり、既存の脅威を増幅させる脅威乗数（threat multiplier）だという認識である[24]。それに対して欧州は、気候安全保障論を通じて、国連改革を含む新しい国際秩序の構築をめざそうとする傾向が強い[25]。現在では、G7報告書などをみると、双方の見解が反映されており、先進国ではその認識はほぼ統合されつつある[26]。

5　おわりに──サブシステンス志向の脱「安全保障」

(1)　脱「開発」に伴う脱「安全保障」

　「開発・安全保障パラダイム」がもたらす諸問題の原因は、安全保障を開発という快を追求する手法で達成しようとしてきたことにある。快の追求によって生まれた苦を外部化し（ジレンマ）、やがてその苦が快を得たはずの人びとにまでブーメランのようにはね返ってくる（パラドックス）。そして、「開発のための安全保障」という天井知らずの構造をもった楽天的な開発主義の発想が、対処を誤らせ、問題を助長してしまった。

　このような「開発・安全保障パラダイム」による構造的暴力を克服して、平和を追求するために必要なのは、「開発・安全保障パラダイム」から脱却し、平和パラダイムへと転換することであろう。そのための営みは、"脱「開発」"と呼ばれてきた。

　だがここで注意すべきことがある。前述の図7-1に整理したとおり、安全保障と開発は不可分である。安全保障概念が、伝統的な国家安全保障から、環

90

境安全保障、そして気候安全保障へと進化するのに並行して、開発概念も、国家による経済開発から、持続可能な開発、グリーン・ニューディールへと進化してきた。この2つの並行する過程は、それぞれの各段階では、それまでの概念の再定義という形をとっていた。それだけではなく、それぞれの時代の安全保障と開発が学問分野的には別個のものでも、図の水平方向でひと組となって、「安全保障のための開発」の顔をしつつ、実は「開発のための安全保障」として、国際政治の現場で運用されてきた。

　しかし結局、それらの"新しい"開発と安全保障の組み合わせは、国家の経済開発と国家安全保障を補完し強化するものとなった。それは現在のグリーン・ニューディールと気候安全保障の組み合わせも同様である。このように、「開発」という言葉や「安全保障」という言葉の背後にある「開発・安全保障パラダイム」の権力と求心力は、まさに世界システムと同じく、システム外部を次々に周辺部に取り込み、自らを強化していくほど強力なのである。

　平和学でいう脱「開発」のためには、この権力と求心力から脱することが必要になる。開発と安全保障は分かち難いので、当然、脱「開発」は脱「安全保障」をも必然的に伴うはずである。なぜなら、開発と安全保障それぞれに内在する権力関係は、「開発・安全保障パラダイム」という同じ源から発生しており、両者は互いを必要としあっているので、都合良く片方だけを捨て去ることはできないからである。

　にもかかわらず、これまでの脱「開発」論において、脱「安全保障」は、あまり議論されてはこなかったのではないか。欧州を席巻するテロリズムやアジアで高まる国家間の緊張を考慮すれば、軍事力に裏付けられた安全保障というパラダイムを脱却することへの不安がその背景にあるのであろう。そこに、これまでの脱開発論の問題のひとつが潜んでいるのかもしれない。

(2)　脱「安全保障」論へ向けて

　平和学は、開発だけではなく安全保障という、20世紀後半以後の世界を支配している、きわめて強力な構造的暴力を克服することをめざしている。それは既存の「社会科学」と呼ばれる学問体系がもつ価値志向に対して、根本的な見

直しを求める。もちろんそのようなことは容易ではない。だが、私たちにはもう地球環境の限界がみえつつあるのではないだろうか。

　すでに気候を含む地球環境の将来に対する自然科学分野の見通しは、悲観論が主流となっている。にもかかわらず、社会科学分野では、それを前提としたパラダイム転換が未だみられない。平和学は、社会科学分野でのそのようなパラダイム転換を追求する試みのひとつである。

　脱「安全保障」のための今後の課題は、安全保障に代わる、どのような安全・安心論を展開できるのかということについてさらなる研究を進めることにある。その結果が出て初めて、脱安全保障論として一定の意義と説得力をもつことができると筆者は考える。

1)　本論文は、蓮井誠一郎「開発・安全保障からサブシステンスへ─脱安全保障論序説」郭洋春・戸崎純・横山正樹編『環境平和学─サブシステンスの危機にどう立ち向かうか』（法律文化社、2005年）175-198頁を下敷きに大幅に加筆修正した。なお本論文は、環境研究総合推進費「世界の気候変動影響が日本の社会・経済活動にもたらすリスクに関する研究」（代表：亀山康子（国立環境研究所）課題番号2-1801）の成果の一部である。

2)　UNDP, *Human Development Report 1992*, Oxford University Press, 1992, p. 35. And UNDP, *Human Development Report 2005*, Oxford University Press, 2005, p.37.

3)　開発による受益圏・受苦圏の隔絶については、たとえば梶田孝道『テクノクラシーと社会運動─対抗的相補性の社会学』（東京大学出版会、1988年）第一章を参照。

4)　キャッチアップの失敗について人間開発の観点から、たとえばUNDP『人間開発報告書1996』（国際協力出版会、1996年）44頁では、インドは人間開発指数（HDI）上位国になるのに100年、HDI下位国は200年以上かかるとされている。2019年版の同報告書でも格差は大きく、新世代型の格差の出現も指摘される（UNDP, *Human Development Report 2019*, United Nations Publications, p. 3.）。

5)　蓮井誠一郎「世界システムにおける人間と環境の権力構造─今、なぜサブシステンスなのか」『社会科学論集：茨城大学人文学部紀要』41号（2005年）65-88頁。

6)　2019年のブラジルのアマゾン大規模火災について、北の著名人たちも憂慮や支援を表明し、状況にも変化がある。たとえば朝日新聞2019年12月2日。他方でそれらは北の環境と南の環境の一体性に基づく議論でもあり、南の人びとから権利を奪うリスクもある。マクロン仏大統領はアマゾン火災について「我々の家が燃えている」とツイートした（Twitter, @Emmanuel Macron, 2019/8/23）。

7)　蓮井・前掲注（5）。

8)　Inaugural Address by Harry S. Truman, January 20, 1949.（https://www.trumanli-brary.gov/library/public-papers/19/inaugural-address）

9)　トルーマンは、より豊かで平和な世界のために技術支援と投資を行うのが、ポイント・フォア計画の目的だと説明しており、それは共産主義者の帝国主義を打倒することにも貢献すると主張している（Statement by the President Upon Signing the Foreign Economic Assistance Act, June 5, 1950）。

10)　Mary Margaret Evans, et al., "The Changing Definition of National Security", in Miriam R. Lowi and Brian R. Shaw, *Environment and Security: discourses and practices*, Basingstoke: Macmillan, 2000, pp. 12-14.

11)　Lester Brown, "Redefining Security", *Worldwatch Paper*, No. 14, Worldwatch Institute, 1977. および Richard H. Ullman, "Redefining Security", *International Security*, 8 (Summer 1983), pp. 129-153.

12)　衛藤瀋吉・山本吉宣『総合安保と未来の選択』（講談社、1991年）67頁。

13)　内閣官房『総合安全保障戦略―総合安全保障研究グループ報告書』（大蔵省印刷局、1980年）25-27頁。

14)　南山淳は、特に冷戦後の安全保障研究における伝統主義と拡大主義の安全保障領域をめぐる論争を、どちらも国家を主体として措定していることなどから「両者が共存するための条件付けをめぐるものとしてとらえるべき」とした。南山淳『国際安全保障の系譜学―現代国際関係理論と権力／知』（国際書院、2004年）137-139頁。

15)　環境安全保障については、蓮井誠一郎「環境安全保障―『人間の安全保障』の再検討に向けて」『平和研究』27号（2002年）69-79頁。

16)　ドネラ・H・メドウズほか（大来佐武郎監訳）『成長の限界―ローマ・クラブ「人類の危機」レポート』（ダイヤモンド社、1972年）11頁。

17)　メドウズほか、前掲注（16）11頁。

18)　World Commission on Environment and Development, *Our Common Future*, Oxford University Press, 1987, pp. 8-9. 邦訳：大来佐武郎監修『地球の未来を守るために』（福武書店、1987年）。

19)　SDGs策定の経緯や意義については古沢広祐「『持続可能な開発・発展目標』（SDGs）の動向と展望―ポスト2015年開発枠組みと地球市民社会の将来」『国際開発研究』23巻2号（2014年）79-94頁を参照。また佐渡友哲『SDGs時代の平和学』（法律文化社、2019年）も参照。

20)　外務省「我々の世界を変革する：持続可能な開発のための2030アジェンダ（仮訳）」。原文：United Nations, "Transforming our world: the 2030 Agenda for Sustainable Development" (A/70/L.1).

21)　2006年10月のグレンイーグルズ対話でのベケット英外相演説、同年の国連総会での同英外相演説（A/61/PV.16）や、2007年4月17日のイギリスなどによる安全保障理事会公開討論のための書簡（S/2007/186）。ドイツの German Advisory Council on Global Change（WBGU）, "World in transition: climate change as a security risk", 2008. など参

照。

22）Sharon Burke, *Natural Security*, Center for New American Security, 2009. Joshua W. Busby, *Climate Change and National Security: an agenda for action*, Council on Foreign Relations, 2007.

23）環境省中央環境審議会地球環境部会気候変動に関する国際戦略専門委員会「気候安全保障（Climate Security）に関する報告」（環境省、2007年）。

24）CNA Corporation, *National Security and the threat of Climate Change*, CNA Corporation, 2007.

25）WBGU, *op. cit.*

26）adelphi, "A New Climate for Peace: Taking Action on Climate and Fragility Risks", 2015.（https://www.adelphi.de/）

第 **8** 章

ジェンダーと平和

——「生命と社会の再生産」をめぐる諸理論の批判的検討

藤岡　美恵子

伊藤　美幸

平井　朗

1　はじめに

　人類は現存動植物種のすべてと同様、自然環境に育まれつつ、ときにその厳しい変化に適応しながら長い歴史を生き抜いてきた。しかし人類はほかの動物より高度な社会性を備え、共同で環境変化に対応してきた。サブシステンスを考える上では、個を成り立たせる物質エネルギー代謝の中心にある食物摂取と排泄だけでなく、集団としての存続の鍵を握る社会関係がきわめて重要な位置を占める。本章では、中でもジェンダー関係に焦点を絞り、サブシステンスと性差別・抑圧の関係を考えていく。開発と市場化によって脅威にさらされているがゆえに、サブシステンス領域を守り本来性実現をめざす運動を展開している先住民族女性たちの主張やフィリピン漁村・農村のコミュニティの例を手がかりに、先進工業諸国の現実にのみ立脚した近代的フェミニズム運動や言説の限界を指摘するとともに、近代の制約を超える可能性をもつサブシステンス志向のジェンダー関係の展望を試みる。

2　男女平等では問題は解決しない

　世界各地の先住民族の女性たちは、1980年代より国際的に高まった先住民族の権利回復運動の中で、先住民族でありかつ女性としての主張を発信してき

た。中でも第4回世界女性会議（1995年）の場で採択された北京先住民族女性宣言は、先住民族の先祖伝来の土地、水系、資源の搾取と生態系の破壊を生み出す開発主義を弾劾し、構造調整や貿易自由化の拡大を批判した。経済のグローバル化は、先住民族が培ってきた種子や薬草に関する知識が製薬会社によって特許化・商品化され、当の知識を生み出した人びとがそれを自由に使うことができないという転倒した事態を生じさせている。こうした経済秩序は先住民族の伝統的生計活動を破壊し、生活基盤を奪い、たとえばメキシコやグァテマラの先住民族のように、移住労働を余儀なくさせた結果、共同体の社会組織を崩壊させていく。先住民族はこれを自決権の侵害と受けとめ、その回復を主張するが、これはすなわち先住民族のサブシステンスの破壊、自律・自立のための条件の剥奪ととらえることができる。

　女性差別撤廃というときに、日本を含む「北」の国々の女性たちの多くにとっては、男女の賃金格差や女性国会議員の数、あらゆる意思決定への女性の参加、女性への暴力などが主要な関心事となる。確かに、こうした分野で女性であるがゆえに被ってきた不平等、不利益は、世界の女性たちの運動によってその不当性が明らかにされ、大きな変化も生んできた。しかし「南」の先住民族女性にとっては、開発主義と市場化の暴力からいかに自分たちを守ることができるかが生存のための切迫した課題となる。こうした開発の暴力にさらされながら、個として、そして集団としての生存を模索している人びとにとって、サブシステンスを考えることは理論的にというよりも実践上きわめて重要な意味をもつ。そしてこうした人びとの方が地球上では多数派であることを私たちは忘れてはならない。

　「北」のフェミニズムと一口にいっても、問題関心によってさまざまなフェミニズムがあり、思想的な対立を含むなど決して一様ではない。たとえば、女性参政権や女性の財産権・私的所有権、労働・就職の場における男女の平等など男性と平等の権利獲得を目標とするものや、男女関係において男性優位の権力関係（家父長制）との闘いも課題とするもの、さらに、性差別だけでなく階級抑圧の側面をも重視する立場などがある。男女同権を要求したフェミニズム運動の背景には、男性が基準とされ、女性が政治的にも経済的にも排除された

社会において「女性も人間である」ことを主張するものであった。しかし、そこでは男性のもつ権利への問いは明確ではなかった。これに対し、家父長制を女性差別の根源に求める立場は男性のあり方をも疑問視したものであった。

だが、このような「北」の女性たちのフェミニズムの主張、すなわち、平等の権利を求める自由主義的価値観の上に立つリベラル・フェミニズムのそれや、女性差別の根源を家父長制に求める立場と、先住民族女性たちの主張は多くの共通点をもちつつも、次の点において大きく異なっている。

第1に、「北」の女性たちが追求する平等賃金と平等な地位は、「南」の人びとや先住民族の犠牲の上に初めて成り立つものであり、その意味での男女平等の要求は、先住民族として、そして女性としての尊厳を求める先住民族女性にとっては解決法にならないというものである。

第2に、先住民族女性は、彼女らに対する差別克服の中心的な課題が、植民地化と征服によって剥奪された先住民族の主権と自決権の回復にあるとする。彼女らにとって差別や抑圧をなくすとは、女性であるということのみを取り出して考えられるものではない。

第3に、先住民族女性は、固有の文化・世界観・精神性（スピリチュアリティ）の回復を通じて、彼女らに対する差別や抑圧を生じさせる社会を変革することができると主張する。これは、伝統文化が女性を抑圧してきたとして、そこからの女性の解放を訴えてきたフェミニズムの見解と対立する。

第4に、先住民族女性は「先住民族女性の福利は、過去、現在、そして未来の世代における、男女間のバランス、年長者の経験や知識と若い人びとのエネルギーにかかっています」（女性2000年会議・国際先住民族女性フォーラム宣言）という表現に代表されるように、男女間のバランスや均衡という考え方を重視する。このジェンダー関係のとらえ方は、たとえばグァテマラのマヤの女性たちがその復興をめざす宇宙観[1]に見て取れる。マヤの宇宙観では2つの異質なものの協力関係によって創造がなされると考えられ、そこに働く基本原理は調和、均衡である。人間を含む自然のすべての要素は互いに補完的な存在であり、女と男も相互補完的な関係にあると考えられ、非対称的ではあってもどちらかが優位に立つものとはされていない。

マヤの女性たちも、社会の中で女性の仕事が評価されないことや、土地や財産の相続における差別、女性への暴力などを問題にするが、そうした均衡を失った男女の関係のあり方を、この宇宙観からの逸脱ととらえるのである。彼女たちは西洋近代の経験に基づくフェミニズムに依拠せずに、独自文化に根ざした女性解放の思想を模索している。近年では、コミュニティで草の根の活動を担う女性たちの多くが、自分たちの活動の指針としてマヤの宇宙観に言及するようになっている。

3　ジェンダーとサブシステンス

　以上をもとに、ジェンダーとサブシステンスを考えるにあたっての今後の考察の課題を、平等、労働、性別分業という側面に絞って考えてみたい。

(1)　平等と経済成長主義、賃労働とサブシステンス労働

　女性解放運動は女性が経済的に力をつけることを重要な課題とし、同一価値労働同一賃金の実現、男女間の賃金格差の縮小をめざしてきた。しかし、これは「北」の世界の所得水準とライフスタイルが「南」の自然や労働力の搾取・略奪によって支えられているという構造を無視している。また、地球環境・資源の有限性という点からもみても、現在の「北」の男性の所得水準が地球規模で浸透することはありえない。[2]従来の「北」のフェミニズムは、こうした構造の問題を十全にとらえきることができなかった。少なくとも、近代主義的価値に立脚して男女平等を中心的課題とする主流の考え方からは、経済成長優先主義、開発主義に対する根本的な批判は出てこないのである。[3]

　賃労働への参入と平等賃金は、GDP で測られる意味において経済的に豊かな「北」の国々においては、「南」の現実を無視する限りは課題となりえたが、「南」の女性にとって、それは解決策にはなりえない。そもそも現在の経済構造のもとでは、グァテマラのような「南」の先住民族の女性たちには、賃金労働といっても低賃金、悪条件の工場労働か、人権侵害と人種差別を伴う他国への移住労働ぐらいしかその機会はない。近年、中南米諸国から米国をめざ

す移住者・庇護申請者が増加し大きな問題となっているが、その背景にあるのは経済的困窮だけではない。地域の鉱山資源開発反対の運動の先頭に立ってきた先住民族女性リーダーが身の危険を感じ、米国に逃れた例もある。

　しかも、グァテマラのマヤの女性たちが述べるように、サブシステンスが侵蝕、破壊され、賃労働に依存せざるをえなくなるにつれて、現金を稼ぐものの方が力をもつという考えが生まれ、他方で女性の仕事が軽視されるようになる。[4]つまり、サブシステンスの破壊と女性の地位の低下は重要な関連があると考えることができる。この意味で、家事、育児といった再生産労働など人間が生きるのに不可欠の仕事だが支払われることがないアンペイド・ワーク（主に女性が担ってきた）の分析から、賃労働自体を問い直し、サブシステンス労働を再評価する試みは重要だ。[5]

(2)　サブシステンス回復と女性の地位

　「南」のあちこちに、いったん壊されたサブシステンスの領域を回復しようとする試みがある。それによって女性の地位も変化するのだろうか。

　フィリピンの東ネグロス州南東部の小島、アポ島 Apo Island では、さんご礁の豊かな恵みによって生活が成り立っている。男性は毎日のように近海に出て自給と換金用の漁業、女性は主に家事・育児といった再生産労働にあたる。島を訪れる観光客にTシャツを販売し副収入を稼ぐ女性もいるがその収入は限られている。ところが女性への差別や抑圧はほとんど見受けられない。そこには海洋資源保護区域（サンクチュアリ）保全活動に女性が大きくかかわってきた歴史が反映していた。

　1980年代初頭、島民や外部者が爆発物や毒薬などを用いた違法漁を繰り返し、広範囲のさんご礁が破壊されていった。さんご礁は海の森林ともいわれ、魚が産卵し成長する揺りかごのような場所だ。漁獲量は落ち込み、生計のために稚魚や小魚までも捕る悪循環に陥った。

　近隣のシリマン大学と島民は1984年に島の一角をサンクチュアリに定めて全面禁漁とし、周辺海域においても違法漁を徹底的に監視して防止を図った。島民は夫婦ごと当番制でパトロールに出かけ、夜間は浜辺の簡素な公共施設に泊

り込んで違法漁を見張った。中には乳飲み子を抱えた母親もいた。シリマン大学による生態系に関するセミナーと自分たちの生活実感を通してさんご礁の重要性を認識していく中で、保護活動は島民全体へと広がっていった。さんご礁の保護が成功した結果、海には魚影が戻り、人びとのサブシステンスは回復し始めた。魚の販売による収入は増加し生活状況も改善された。乱獲も島民の努力により阻止され、サンクチュアリの設置から30年以上経った現在、さんご礁を守ることは自らの生活を守ることだとの認識が、アポ島の共通認識となっている。そのような「みんなの富コモンウェルス」である海を、自分たちが守り蘇らせたという実績と自負は、現在の女性たちの自信につながっている。このように共同体とそれを支える基盤である自然（サブシステンス）の維持・再生に女性が深く貢献し高く評価されることで、収入を得ていなくても女性が軽視されない例もある。

　女性の経済的力をその所得で測り、かつそれを女性の「地位向上」と結びつける考え方（これは女性の再生産活動を軽視する考え方と表裏一体のもの）が特に問題を生むのは、低所得という意味での「貧困」が問題とされる第三世界（先住民族の領域を含む）で、具体的な開発計画や女性差別撤廃のための政策にそれが適用されるときである。その意味で「開発と女性」（WID および GAD）の考え方と実践を再検討する必要があるだろう。

(3)　相補的ジェンダー関係

　サブシステンスを考える際にフェミニズムにとってさらに困難な課題は、マヤの宇宙観をはじめ、相補的ジェンダー関係に存在する性別分業・役割の固定化をどうとらえるのかという問題だろう。近代の資本主義社会では男性が一家の稼ぎ手として主に賃労働を担い、再生産労働をもっぱら女性が担うという形の分業が固定化され、女性の仕事は軽視された。フェミニズムが批判し、解体を求めてきたのはこの意味での性別役割の固定化だ。しかし、そのような形の性別分業と役割の固定化は、空間的にも時間的にも決して普遍的なものではない。歴史的に見て、地域によって、文化によってさまざまに異なる男女の分業・協業体制が存在したし、現在も存在している。⁶⁾

業・協業体制が存在したし、現在も存在している。[6]

　フィリピンの西ネグロス州、カンラオン山麓の集落バイス Sitio Bais には男女の分業体制がある。男女ともに農業の重要な担い手だが、木の切出しや炭焼きなどの力仕事は主に男性の仕事で、女性は子どもが幼い間は畑には出ず育児を担う。集落外の市場での農産物販売の際も、野菜・果物など比較的軽い品物は女性が、重い炭や薪は男性が担当することが多い。例外的に女性が力仕事にあたる場合や、男性が妊婦を介助する場合[7]もあるが、男女の働きはともに生存に不可欠な重要な役割とみなされる。

　バイスは急傾斜地にあるため農業の機械化は皆無であり、種まきや収穫など多くの人手が必要な農作業の際は、ダギャオ dagyaw と呼ばれる地縁的集団内における相互扶助の習慣が残っている。これは村人の畑で農作業を手伝うと、数日以内にその村人が自分の畑で同種の農作業を同じ日数だけ行う労働交換で、3人程度から多いときには9人もの男女が一緒に働く。近年は同じダギャオという名称で日当を払う場合も出てきているが、その賃金は男女同額である。一方、同じ西ネグロス州でも低地地域の土地なし農民が労働者として砂糖キビ農園で働く場合、性別によって主として担う作業の種類が異なり、女性は植え付けが中心で、耕起や刈り取り中心の男性に比べ軽労働だが5割程度の低賃金にしかならない[8]。この違いは、生産労働と再生産労働が男女でどのように分業されるかによると推測される。

　砂糖キビ労働者の場合、実際には男性の賃金を補うため女性が生産労働に関与しているにもかかわらず、女性は州内や他島からのサカダと呼ばれる出稼ぎ労働者などと同じ臨時的な労働者とみなされ、日当でなく出来高払いで支払われることが多い。そして生産労働は男性が、再生産労働は女性が主として行うものとみなされ、女性の生産労働も低く評価される。それに対しバイスにおける性別分業は、生産労働と再生産労働における男女の共同性を妨げるものではない。

　バイスの農業は収入を得る手段である以前に家族の食すなわち命を保障するための労働であり、ペイドワーク、アンペイド・ワークといった線引きが難しい。生活は厳しくとも、自分の畑で懸命に働けば何とか食べていくことはできるという安心感があるのは、バイス農民の食糧自給率が低地の農業労働者に比

べ高いためだ。自給手段をもつという点で、毎年砂糖キビ労働が減る「死の季節」に生活が困窮する砂糖キビ労働者や、日々の収入に左右される物売りたちとは異なる。そして農作業には夫婦間や共同体内の支え合いが欠かせず、農業が成り立つためにも家庭での労働と生命の再生産が不可欠である。また、市場で農産物を売るために男女どちらかが家を留守にする際、一昼夜にわたり農業と家事を行うのはパートナーや家族の役目である。高齢者や子どもも家事や育児、農業などできる範囲のことを手伝う。

　好むと好まざるとにかかわらず、バイスでは市場経済の占める割合が少ない。このため生産労働が賃労働として切り離されずに、再生産労働と密接につながっている。そしてそれゆえに分業体制といえども生産労働・再生産労働に双方の性がかかわる。これら労働が家族・共同体の協業によって担われているということが、相対的に女性が多く担う家事労働も男性の農業労働と同じように重視され、男女の地位における同等性が賃金体系にも反映しているといえよう。

　こうした男女の分業の多様な形は、人間のサブシステンスの一要素と考えられる。その協業のシステムにおいて女、男それぞれに一定の仕事や役割、道具などが振り分けられた世界を、イリッチはジェンダーのある世界と呼んだ。それは産業社会的な性別分業とは似て非なるものである。ジェンダーのある世界ではそれぞれのジェンダーに固有の仕事はほかのジェンダーによって侵害されることはなく、むしろ性別分業の階層的な固定化は産業社会化に伴って起きたことをイリッチは明らかにした。イリッチの思想が、21世紀の現在においてサブシステンスを考えるときに重要な意味をもつのは、それが近代産業化社会の諸制度がもつ暴力性を明らかにしたからであったし、開発の暴力にさらされた人びとがいかにそれから逃れることができるかという問題意識を出発点としたことにあることは忘れてはならない。

　現実に、女性と男性が明確に固有の役割を与えられながら、女性に対する産業社会的な抑圧と差別が存在しない社会もある。となれば、サブシステンスとジェンダー関係を考える際に、まず性別分業の廃止が女性の解放につながるというフェミニズムのテーゼを問い直す必要がある。その上で考えるべき課題

は、性別分業が一方の性にとって差別的にならないための条件は何かという問いである。マヤの女性たちは、その答えをマヤの宇宙観に探ろうとしている。

　青木やよひは、性役割が性差別になったのは、性役割の背後にあってそれを意味づけていた宇宙観が崩壊したためではないか、という考察を行った。[12] それぞれの文化に固有の宇宙観の片鱗をかろうじて残している社会、あるいは多くの先住民族社会のように、差別と一体となった西欧化・近代化の圧力に抗して、集団と個の尊厳を回復するため、宇宙観の現代的回復を追求しているグループ内では、青木の示唆は「前近代への逆戻り」などではなく、もっと現実的な意味を帯びているといえよう。そこでは「伝統」はサブシステンスを守るための抵抗の基盤となっている。それは選び取られ、作り替えられていく「伝統」である。

　さらに、上野千鶴子がかつて指摘したように、人間同士の何らかの相互依存を認めることが解放であるような社会をめざすという考え方はフェミニズムにもすでに存在する。[13] 性別分業の問い直しは、サブシステンスを成り立たせるための男女および社会のすべての成員の相互作用、相互依存の関係（「男女間のバランス」）を考えることにもつながる。これは、男女間の権力関係を分析の中心においてきた従来のフェミニズムからはひとつの転換を意味することになるだろう。

　サブシステンスとジェンダーの関係を考えていくと、ここで考察した二点のほかにも、意思決定への女性の参加、自己決定と共同性、固有の伝統文化と女性への抑圧といった問題が考察の課題として浮かんでくる。こうした問題を考察する過程は、フェミニズムの諸前提やそれらが拠って立つ近代的諸価値を改めて問い直すというきわめて困難な作業になるだろうが、サブシステンスを考える上で避けて通れない課題である。

4　おわりに

　以上、「南」におけるジェンダー問題をめぐりサブシステンスの視点から考察を加えてきた。その結果は、開発あるいは男並みへの女性賃金増加といった

「良くする」方向への取り組みが、女性への抑圧や差別をかえって強化してしまうことを示していた。

「南」の女性の現実は、欧米のフェミニズムが掲げる女性の経済力獲得や性別分業撤廃では改善されない。逆に市場への参加を促進する開発（WIDやGADなど）を通じ、女性たちの社会的地位や存在価値が貨幣所得の多寡で評価されるようになり、状況はかえって悪化する。

グァテマラ先住民族においては復興されたマヤの宇宙観に基づく性差別に結びつかない性別分業が意識化されている。フィリピンのアポ島では女性が「みんなの富コモンウェルス」の海の復活に貢献していることから、女性の役割が高く評価されている。また同じフィリピンの山村バイスの暮らしは市場経済の浸透が比較的浅く生産と再生産が密接な関係にあるとともに、再生産労働における男女の共同性と生産労働における男女の平等賃金が保たれている。

これら「南」の人びとの営みは、近代産業社会によって個々人という機能に分断され、男と女という役割の二項対立に仕分けられた世界に生きている私たちにとっても、開発主義や従来のフェミニズムへの鋭く深い問い直しを意味しうるものである。3つの例ともに市場化・近代化の波の中でかつてそれぞれのサブシステンスが危機に瀕しながらも、かろうじてその苦難を克服してきた経緯がある。グァテマラのマヤ女性は、マヤ宇宙観の回復とそれに基づく自律的なジェンダー関係構築という「伝統」の再創造を、サブシステンスを守り、彼女たち自身がエンパワメントする内なる「力」の源泉とした。いったんはサブシステンスの基盤を失わされてしまったアポ島の女性たちの場合、「自分たちの」海の再獲得がエンパワメントにつながった。バイスの女性たちの場合、市場化に巻き込まれることすらできない厳しい生活環境のために、たまたまかろうじて残されたサブシステンスが、権力的でなく相補的なジェンダー関係を保たせている。これらに共通するキーワードはサブシステンスである。女性たちは、危機に瀕したサブシステンスの回復、維持を通してエンパワーされ、「開発」の暴力から逃れうる。そのような社会構造の再構築の過程で、地域社会の中で作り上げてきた精神的な規範の再構築が拠り所となることが理解できるのである。

　まったき宇宙は 2 つの異質なものの調和と均衡によって創造されるという宇宙観の現代的回復。このようなサブシステンス志向の抵抗は、決して前近代への逆行ではない。主体的に選び取り再創造する新たな「伝統」となりうる営為だ。この取り組みが「北」においても「良くする＝快を増やす」のでなく「苦を減らす」方向をめざすならば、近代化による宇宙観の破壊のため「収奪のメカニズム[14]」とされてしまったジェンダーを、相補的協働関係へと再創造できるに違いない。

1)　宇宙観（コスモビシオン）の回復は、マヤをはじめ世界各地の先住民族の自治・自決を求める運動の中で重要な位置を占める。それは植民地化と近代化＝西洋化によって否定され、破壊されてきた固有の文化・価値観、社会組織、環境などの回復にとって不可欠の要素であると理解されている。グァテマラにおいても近年、文化復興運動の高揚の中でコスモビシオンの回復は重要な位置を占めている。

2)　マリア・ミース（古田睦美編訳）「グローバリゼーションと〈ジェンダー〉──オルタナティヴ・パースペクティヴへ向けて」川崎賢子・中村陽一編『アンペイド・ワークとは何か』（藤原書店、2000年）42頁。

3)　マリア・ミースらはこの構造の問題をフェミニズムの課題としてとらえ、世界システム論に依拠しつつエコ・フェミニズムの立場から分析し、サブシステンス論を展開している。そこでは利潤の追求に対して生命の保持を中心的な価値とするオルタナティブ経済原理の追求、商品に依存しないで人間生活の持続を可能にする協業のあり方の模索、男女の生産・再生産活動のあり方の見直しが提起されている。

4)　荒川加奈子「先住民族女性と複合差別」IMADR-MJP グァテマラプロジェクトチーム編『マヤ先住民族──自治と自決をめざすプロジェクト』（反差別国際運動日本委員会発行・現代企画室発売、2003年）163頁。

5)　川崎賢子・中村陽一編『アンペイド・ワークとは何か』（藤原書店、2000年）を参照。

6)　たとえば、スチュアート・ヘンリ「カナダ・イヌイト社会の分業と男女関係」（川崎賢子・中村陽一『アンペイド・ワークとは何か』（藤原書店、2000年）を参照。

7)　この集落にはヒロット hilot と呼ばれる伝統的助産者が 5 人いるが、1 人は男性である。また自宅出産が圧倒的多数であるため妊婦の夫や家族が産湯を沸かすなどの作業を手伝う。

8)　全国砂糖労働者同盟 NFSW ネグロス支部長およびフィリピン小農同盟 KMP ネグロス支部長への聞き取り調査より（2003年11月）。

9)　市場向け生産もあるが主食の米さえ満足に買うことができない状況で、自給の根菜や野菜、果物が人びとの生存を支えている。

10)　I・イリイチ（玉野井芳郎訳）『ジェンダー──女と男の世界』（岩波書店、1984年）。

11) 前述のバイスの例のほか、ヴェルホーフ・ベンホルト＝トムゼン編（加藤耀子・五十嵐蕗子・入谷幸江・浅岡泰子訳）『女の町フチタン—メキシコの母系制社会』（藤原書店、1996年）を参照。

12) 青木やよひ「性差別の根拠をさぐる—日本における近代化と儒教イデオロギーについての覚え書き」山本哲士編『経済セックスとジェンダー』（新評論、1983年）。

13) 上野千鶴子『家父長制と資本制』（岩波書店、1990年）293頁のハイジ・ハートマンの引用およびそれに対する上野の注（注6、294頁）を参照。またミースらのサブシステンス論も相互扶助やケアといった価値観を重視する。

14) 青木・前掲注（12）。

第 9 章

リプロダクティブ・ヘルス／ライツと平和

小川　景子

伊藤　美幸

1　はじめに

　子を産み、その子が成長してまた子を産んでいく。生殖活動は生命の営みの根幹であり、サブシステンスの中核に位置する。

　医療技術の進展により、体外受精や人工受精、出生前診断が可能となり、多くの避妊方法が発明された。妊娠や出産をめぐる技術的な選択の幅は広がってきている。だが、それと現実に選択可能であることとは別問題だ。社会階層や地域によって、選択を享受できる人とできない人の間に格差が起きている。

　同時に、環境ホルモンや放射能汚染などによる環境の汚染が、大きな脅威になることがわかってきた。人間と生物の生殖能力は新たな危機に直面しているのだ。

　この章では平和学の視点からリプロダクティブ・ヘルス／ライツをめぐる諸問題について考えてみたい。

2　出産にみる女性の身体性とサブシステンス

　ここでは、サブシステンスの根幹にある出産を例にとり、伝統社会から近代産業化社会への移行により、その位置づけやあり方がどのように変化したのか、主に出産の医療化という側面から分析する。次に、出産の医療化に対して

産む女性たちが行なった活動が、出産あるいは女性の身体性（身体観や身体経験など身体のもつ文化・社会的側面を含む）にどのような変化をもたらしたのか検討を加える。

(1) 共同体における出産とサブシステンス

　かつて出産の多くは、産婦個人やその家族だけでなく共同体における体験として、女性同士の相互扶助ネットワークにより行われていた。出産の場には、近隣の女性が集まってお産の準備や子どもの取り上げを行った。そこでは、産婦を励ましお互いの共感に基づいて産痛を和らげる工夫をするなど、産む女性とケアする者との関係性がつくられていた。こうした女性たちの共同作業は、彼女らの生活・文化のひとつの要であり、サブシステンスの一要素をなしていた。

　この中で、援助者として中心的役割を果たしたのが産婆である。産婆は、制度に基づく専門職というよりは、コミュニティの一員として助産にあたった。産婆の行う助産は、産婦がいきみやすい方法をとる、薬草を用いるなど、女性が共有する経験に根ざした知識を基盤として人から人へと伝えられた[2]。このように共同体における出産のケアは、産婆を中心とした人びとの主として無償労働により維持された。それは女性の労働として確立していたものの、男性を全面排除してはいなかった。かつては「とりあげ爺」もいたことが報告されている[3]。しかし、近代助産制度が確立し出産が医療化される中で、世界中の多くの国家で法律により男性が助産から排除され、他方で産科医の多くは男性によって占められてきた。

(2) 近代産業化社会の成立と女性の身体

　伝統社会では、家族は自然に依拠しながら生産と生殖を営んできた。しかし、近代産業化社会の成立により、家族や自然は市場から周縁化、外部化された。上野千鶴子によれば、市場はこの外部（自然と家族）に依存して初めて成り立っている[4]のである。近代において家族領域から生産が「離床 disembed」し、家族は再生産活動のみに特化した[5]。近代国家は女の子宮という再生産資源

の管理に常に強い関心を払い続け[6]、家族を再生産単位として国家経済に組み込もうとしてきた。再生産資源の管理とは出産の医療化であり、国家による「『国民の身体』の管理と客観化という文脈を隠していた[7]」のである。

(3)　近代助産制度の成立から出産の施設化・医療化へ

　日本において、近代助産制度が成立したのは明治期である。富国強兵を目的とした国民の健康管理が重要な政策課題とされ、出産における危険性を少なくするために、従来の伝統的産婆から近代医学の知識をもつ新産婆への転換が図られた[8]。1899（明治32）年には、全国的に統一した「産婆規則」が公布され出産の国家標準化が始まった。新しい助産方法では、衛生的なお産や産後に十分な栄養を摂取することの必要性が説かれた。また産む姿勢は、産婦がいきみやすい坐産から介助する側が対応しやすい仰臥位産へと変化した。

　このように産婆（新産婆）による助産は近代医学に依拠していたが、産む女性と産婆あるいは近隣女性たちとの関係には相互扶助的な側面が残されていた。たとえば昭和戦前期の横浜では、産婆の報酬は産家側の事情に合わせて変動し、ときには産婆が出産に必要な物を持参する例もあった。また自宅出産には、近隣の女性たちが手伝いに来たという[9]。

　その後1960年代には、出産の場が自宅から施設（主として病院・診療所）へと急速に変化（施設化）し、ほぼ同じ時期に医療化が進んだ。出産場所が施設へ変わると、産む女性と家族や身近な人びととの関係性は遮断された。

　近代医学では、出産は解剖学的、生理学的、生化学的な要素からなる身体の一機能とみなされ、出産過程はパーツに分けて理解される[10]。そこから得られる情報が標準から逸脱すると、医学的介入の対象となる。また身体から得る情報は、分娩監視装置や超音波エコーなどの器械により数値や画像で表現され客観的データとして扱われる。それは専門家同士で共有しやすく、産む女性は専門家からの説明によりアクセスできるという受け身の立場に置かれる。他方、産む女性の身体感覚は、情報のひとつとして扱われるが客観的な指標に対して副次的とされた。

　分娩監視装置を用いる場合、女性の身体に一定時間器械が装着され活動が抑

制される。一般的な分娩台を用いた出産では、仰臥位で開いた足が固定される。また決められた手順として浣腸、会陰の剃毛や切開などの一部あるいは全部が行われる。産む女性が医療化された出産に対して異議を唱えたのは、このように自己の身体性が抑圧されることに対してだった。

(4) 出産におけるサブシステンス回復に向けて

　日本では、70年代半ばに産む女性が自己の出産の否定的体験から、産む主体の確立をめざしてラマーズ法をベースにした産前教育を開始した。さらに、ほかの主体による産前教育や、お産や子育てに関する情報交換・提言などを目的としたさまざまな会の取り組みが実施されている[11]。また80年代初めに英国では、産む女性の主体性を尊重し産みやすい姿勢を自由に選ぶことができる「アクティブ・バース」が登場し、各国に広まっている。これらは、家族や身近な人びとが出産に立ち会うことを否定しない。女性たちの希望に合わせてこれらを最初に取り入れたのは、正常分娩を対象にする助産院で、その後、病院にでも取り入れられるようになった。しかしその一方で、出産の安全性確保を目的としてさらに医療化が進展し、多くの女性たちはこれに疑問をもたず受け入れるという側面がある。

　『脱病院化社会』において、医学的専門知が社会を編制する力となることを述べたI・イリッチは、医療化された健康ケアがさかんになると健康な生活に障害をきたす[12]として、それを阻止するためには医師ではなく素人が可能な限り広い視野と有効な力をもつべきであると指摘した[13]。

　産む女性たちが行ってきた活動は、イリッチの指摘に通じるものである。さらにそこでは、かつての共同体における女性たちの知恵が再発見されて、産む女性の主体性や身体性の回復につながっている。また、近代産業化社会の中で一度遮断された産む女性と家族や身近な人びととの関係性回復にも通じている。これらは、出産におけるサブシステンスを回復する試みなのである。

3　平和学からみたリプロダクティブ・ヘルス／ライツ

(1)　リプロダクティブ・ヘルス／ライツと自己決定

　リプロダクティブ・ヘルス／ライツとは、「性と生殖に関する健康／権利」と訳される。1994年9月にカイロで開かれた「国際人口・開発会議」の「行動計画」の定義によると、「人々が安全で満足のいく生活を営むことでき、生殖能力を持ち、子どもを産むか産まないか、産むならいつ、何人産むかを決める自由を持つこと」を意味する。

　リプロダクティブ・ヘルス／ライツは自分の身体や生き方を自分自身で決定するという自己決定権の問題と深くかかわる。他人から強制されることなく、自分の意志に従って生き方を選択していくことは、とても重要だ。

　だが、人が生き方を決める場合、本当に自己による決定なのだろうか。「何歳で結婚し、子どもは何人」などといった人生設計は、自己決定というよりも社会通念の刷り込みによってできあがった認識であるかもしれない。またそれを選ばなければ見捨てられてしまうのではないかという不安感や心理的脅迫を感じて子どもを産んだり中絶したりと、それ以外に選択肢がないと思い込むことからの決定もありうる。

　また、生殖には生物である以上越えられない制約もあり、自己決定が物理的に不可能なこともある。女性の生涯出産数には限界があるとともに、生まれつき、あるいは後天的な原因のため生殖能力をもたない人も一定の割合で存在する。

　また自己決定と社会の倫理・規範が相対する場合もある。自己決定でさえあれば、それで正当とされうるのかという疑念もありうる。たとえば、胎児診断技術の進歩の結果、妊娠初期に胎児の染色体異常や代謝異常、性別を検査することが可能となったが、自己決定に基づけば障害児や望まれない性の子どもを中絶することには何の問題もないのだろうか。

　自己決定権は万能ではない。だが、次にみるようにリプロダクティブ・ヘルス／ライツが脅かされることの一因に自己決定権の剥奪があるので、見逃すこ

とはできない。

(2) 強いられた出産・中絶

リプロダクション（生命の再生産）には、両性がかかわる。だが、妊娠・出産が女性の身体を介することなしには不可能なため、女性の関与は特に重要だ。にもかかわらず、多くの女性が妊娠・出産について自分で決めることを許されないでいる。たとえば、夫や家族からの明示的・暗示的な強制・要求で、望まない時期・頻度の妊娠、出産（あるいは中絶）をせざるをえない。

ラッペとシュアマンは、女性が子どもの数を制限しようとしたことで夫に暴力をふるわれたケース[14]や、女児よりも男児出産が望まれる社会的状況下では、男児を産むことを強要し男児が生まれるまで幾度も出産を強いたり[15]、出産前診断によって胎児が女だとわかると中絶させられる場合[16]などの実例を紹介している。子どもを産むか産まないかについて、女性よりも、彼女の夫や家族の方が強い決定権をもっており、当事者の女性が自己決定できない現実がある。

また社会環境のために、女性がリプロダクティブ・ヘルス／ライツを脅かす選択をせざるをえないこともある。生活が困窮しており不安定な家庭では、子どもの重要性ゆえに多産が余儀なくされるのだ。第三世界の貧しい家庭では、子どもは幼い頃から稼ぎ手・働き手として重要な役割を果たしている。水汲みや子守り、家畜の世話、家事などの労働、また賃金労働では、物売りや農業労働、さらには児童売春によって子どもは家計を助けている。老後や何かあったときの社会保障制度がしっかりと整っていない国の人びとにとって、子どもは生きた財産であり、多くの子どもを産むことは将来への備えを強固にすることになる。子どもを多くもつほど家族の生活が楽になる社会では、たとえ女性の健康を害するとしても多産が良しとされる。

さらに、栄養状態が良くないことや保健衛生設備が整っていないため、子どもが幼くして死亡してしまう危険があり、何人も産まざるをえないという現実が多産に拍車をかける。ユニセフの1999年の調査によれば、5歳まで生きられない子どもたちはニジェールでは3人に1人、アフガニスタンでは4人に1人に上る。

　女性のリプロダクティブ・ライツが剥奪されることは、リプロダクティブ・ヘルスにも悪影響を及ぼす。なぜなら、適切な間隔をあけない出産や中絶は、女性の体に過度の負担を強いて、死亡率や感染症への罹患率も上昇する。

　このように妊娠・出産をめぐる自己決定には選択肢が他に存在しない状況もある。それを、多様な選択肢をもった上での自己決定と同列には扱えない。本来あるはずの選択肢を奪われて限られた条件での選択も、ある種の自己決定権の剥奪といえるのではないか。

(3)　人口抑制のための避妊

　生殖にかかわる自己管理手段のひとつは避妊である。リプロダクティブ・ヘルス／ライツには「男女とも自ら選択した安全かつ効果的で、経済的にも無理がなく、受け入れやすい家族計画の方法、ならびに法に反しない他の出生調節の方法についての情報を得、その方法を利用する権利、および女性が安全に妊娠・出産でき、またカップルが健康な乳児を持てる最善の機会を与えるよう適切なヘルスケア・サービスを利用できる権利が含まれる[17]」とあるように、安全な家族計画を自分の意志で選べることも含む。

　第三世界では、上腕に手術で埋め込むホルモン避妊薬「ノアプラント」、3カ月毎のホルモン注射薬「デポプロベラ」、IUD（子宮内避妊用具）などさまざまな避妊方法が使われるが、いずれも女性のみを対象とする、強い副作用や危険を伴う可能性のある手段であり、リプロダクティブ・ヘルス／ライツの剥奪といえる。

　その理由は以下の3つに集約できるだろう。①効果が確実であっても、副作用のリスクも高い、②医療者によってコントロールされ、女性が自分でそれを中止することができない、③正しい情報や他の避妊方法との比較もできず、インフォームド・チョイス（十分な情報を得た上で本人が納得し自由意志で選択すること）ができない。

　避妊が強制されるのはなぜか？　前記のような避妊方法によって出生率を操作されるのは、貧しいもの、障害者、少数民族、移民などの社会的弱者の女性が大多数であるということが答えの鍵となる。彼女らに処置を行うのは、医者

や医療関係者だ。だが、このような人口抑制策を勧めるものとして、その国の政治家や指導員がいる。またそれらの費用を「援助」として負担している国連や民間援助団体がある。さらには人口が減ることが人類のためになるのであるから、人口抑制も仕方ないと考える一般世論がそれを支えているのだ。つまり資源が枯渇してしまう危機があるので人口を抑制しなければいけないというものである。

　問題が資源の枯渇ならば人口だけを問題にするのはおかしい。世界すべての人間がアメリカ人の暮らしをするならば22億人しか食べられないが、インド人の暮らしなら100億人が暮らせるという試算もある。

　「人口」という問題のたて方は、人間を均質化して数える。そして、先進工業諸国の生活レベルを下げる犠牲を払わずに、第三世界の人口抑制政策の推進を正当化するのだ。

(4)　不妊治療

　不妊治療技術の進展は選択肢を増やし、一部の人びとには福音となった。不妊治療技術の発達は自己決定の観点からもプラスの面は確かにある。しかし一概にこれを喜ぶことはできない。不妊治療による副作用に悩まされたり、未熟な技術の実験台となる女性も多いからだ。

　また、不妊治療を家族や社会環境によって余儀なくされる場合もある。「子どもを産んで一人前」と、女性を子作りの道具とみなす社会では、不妊もまた自然なあり方とは認められず、不妊治療を受けざるをえない。社会の期待・重圧によって妊娠が要求される状況では、新しい技術が導入される度に女性は「治療」し続けることになる。そして、あきらめた女性は努力をしていないと社会から誇られるかもしれないという苦痛を背負わされる。

　さらに、多くの不妊治療は、高額な費用がかかるが、そのような費用を払うことができるのは世界的にみて一部の高所得層に限られ、大多数の人にとっては無縁だ。選択肢とはいいつつ、一部にとってのものにすぎない。それだけでなく、もしその費用がワクチンや予防接種、寄生虫の駆虫[18]に使われていれば、より多くの人命が救われたはずだ。これらの医療技術の開発は既存の医療にお

ける格差をさらに広げる方向に作用している。

4　環境汚染による存続の危機

　リプロダクティブ・ヘルスには、環境問題がかかわる。環境汚染、工業化された食物などの私たちを取り囲む環境の変化も不妊の一因といえよう。

　人間の体は、空気や食糧、水といった外部環境を体内に取り入れることで成り立っている。大気汚染、土壌汚染、水質悪化が進み、外部環境が汚染されれば、体内（内的自然）も汚染される。自然界にもともと存在する有毒物質の中には種類や量によっては人体が解毒・排出できたり、一定期間が経過すると自然に消滅するものも多いのに対し、近年生み出されたさまざまな化学物質は残留性があり、ひとたび体内に取り込まれると排出されずに蓄積され、体内のメカニズムを狂わせてしまう。また、親から子へ、そのまた孫へと世代を超えて影響を及ぼす遺伝毒性の懸念もある。医薬品、農薬、PCBなどさまざまな人工化学物質は、生体内に取り込まれると内分泌機能を阻害し、精子数の減少や、不妊、乳ガン、子宮内膜症、その他さまざまな悪影響を及ぼす危険があるとされている。

　アルベルト・メルッチの言うように「豊かな社会は、生殖分野での自らの成功や技術的達成を祝い、祝杯をあげようとするまさにその瞬間に、自らの再生産（リプロダクション）の基盤を損ないはじめて」いるのだ[19]。リプロダクティブ・ヘルス（性と生殖に関する健康）が損なわれれば、産む、産まないではなく、産むことができないという事態さえ起こる。実現可能性の幅を狭めるものが、便利な社会の副産物である化学物質とは何という皮肉だろうか。

　そして、環境汚染は豊かな社会でのみ起きているわけではない。ベトナム戦争で使用された枯葉剤や、日本を初めとする先進工業諸国から環境規制の緩い第三世界に移転させて操業している工場からの有害物質、十分な知識や防備のないままに使用される農薬など、第三世界でも事態は深刻である。

5 おわりに

　平和学はリプロダクティブ・ヘルス／ライツの危機を解決するためにどのような有効な手段を提示できるのか。自己決定の観点も含め、いくつかの解決策をあげていこう。

　平和とは暴力が不在状態である。そして、暴力とは潜在的実現可能性が現実のレベルを下回った場合に存在する。実現可能性は一人ひとりにおいては証明できない。あくまで予測であり、レベルは想定値にしかすぎないからだ。それゆえ集団ごとの現実のレベルを比較し、両者の格差が可避であるにもかかわらず存在する場合、暴力が存在するといえる。

　第3節(2)の強いられた出産の原因は、社会構造に存在する両性間の権力格差と、政治・経済・社会格差によるため、これらの格差を是正するための取り組みが必要であろう。これらの格差が緩和されることで女性が自分の意志を表明し、それが社会、家族、カップルの間で尊重される社会に近づき、剥奪されていた自己決定がより可能になる。

　第3節(3)の人口抑制のための避妊に関しては、上からの強制的な避妊ではなく、安全で、自分がコントロールできる避妊方法を女性が自分の意志で選択できるようにすることが求められる。そして、人口問題について、より包括的に分析して、何が人口増加の真の原因なのかを見極めた上での政策立案と実施が求められる。

　また芦野由利子は出生率が低下し人口安定化が成功したキューバ、スリランカ、インドのケララ州などの例をあげ、その教訓を次のようにまとめている。基本的読み書き能力、教育、雇用の機会など女性の地位と力の向上したこと、最も貧しい人にも食糧・収入を得る道が得られること、最も貧しい人にも保健医療・安全な家族計画にアクセスできることなどの、人間の生活の安定化のための包括的な取り組みの一環として、家族計画が位置づけられ、人口抑制だけが目的だったわけではない。[20]これはひとつ目のポイントへの取り組みとも共通するだろう。

　第3節(4)項の不妊治療については、集団ごとの医療レベルの格差を縮め、望めば誰もが受けられるような下地を整えて研究が行われるべきである。全人類への普及が到底不可能な方法での不妊治療は格差を広げ、新たな暴力を生むよう作用することになる。また、不妊の社会的見解をネガティヴなものでなくする取り組みが必要である。

　第4節の環境汚染による存続の危機に関しては、汚染の除去と環境悪化防止のための有毒物質排出規制が必要だ。環境悪化を防ぎ、環境悪化の恐れのある有毒物質の排出を規制することが望まれる。この問題は現在に生きる私たちだけでなく、まだ生まれていない私たちの子孫がどのような社会に生きるのか、つまり未来世代の実現可能性がかかわっていることを忘れてはならない。現在の自己決定による選択が、未来世代の生き方に取り返しのつかないような影響を及ぼすことになってはならないのだ。それは時間差の暴力である。

　私たちは地球上に人間のみが生きる社会を作ろうとしているのだろうか。そうではないだろう。

　サブシステンスを「生命を生かすシステム」とするならば、人間は他の生命により生かされてきた存在だ。生態系は、相互作用によって循環し、デリケートなバランスで成り立っている。これらの生態系の再生産ができる環境を破壊しては、人間の再生産（生殖）も立ちゆかない。人間の再生産とはそれゆえ自然の再生産と調和した形で行われる必要があるのだ。

1)　医療化とは、それまで医療と関係のなかった現象を医療により対処するようになる変化を指す。
2)　鈴木七美『出産の歴史人類学—産婆世界の解体から自然出産運動』（新曜社、1997年）35頁。
3)　たとえば和歌山県熊野地方では、出産時に年配の男性が頼りにされる場合もあり、それをとりあげ爺と呼んだ。大正の頃には、とりあげ爺と資格をもった産婆が共存する場面もあったとされる（宇江敏勝『熊野草紙』（草思社、1990年）246-247頁）。
4)　上野千鶴子『家父長制と資本制—マルクス主義フェミニズムの地平』（岩波書店、1990年）10頁。
5)　同書、234頁。
6)　同書、236頁。
7)　バーバラ・ドゥーデン（井上茂子訳）『女の皮膚の下—18世紀のある医師とその患者

たち』（藤原書店、1994年）38頁。

 8) 明治政府は、1868（明治元）年に産婆が売薬の世話や堕胎に関与することの禁止令を、1874（明治7）年には産婆の資格に関する規則を公布した。

 9) 昭和10年代に横浜の開業産婆のところで修業していた産婆の聞き取り調査による（2000年9月）。

10) マースデン・ワーグナー（井上裕美・河合蘭監訳）『WHO勧告にみる望ましい周産期ケアとその根拠』（メディカ出版、2002年）31頁。

11) 杉山次子・堀江優子『自然なお産を求めて―産む側からみた日本ラマーズ法小史』（勁草書房、1996年）参照。

12) I・イリッチ（金子嗣郎訳）『脱病院化社会―医療の限界』（晶文社、1979年）99頁。

13) 同書、13頁。

14) フランシス・ムア・ラッペ／レイチェル・シュアマン（戸田清訳）『権力構造としての〈人口問題〉』（新曜社、1998年）37頁。

15) 同書、39頁。

16) 同書、40頁。

17) 「北京行動綱領」「序文」注1、パラグラフ94。

18) ユニセフによれば、駆虫剤メベンゾールは1回分3セントで寄生虫を駆除したり、かなり減らす効果がある。『1998年ユニセフ子供白書』（1997年）76頁。

19) アルベルト・メルッチ（山之内靖・貴堂嘉之・宮崎かすみ訳）『現代に生きる遊牧民』（岩波書店、1997年）200頁。

20) 芦野由利子・戸田清『人口危機のゆくえ』（岩波書店、1996年）74頁。

第10章

「国際協力」という言葉がもつ権力性

——言葉が現実を作り出す

北野　収

1　はじめに[1]

　「国際協力」。誰にとっても聞き慣れた日本語である。この単語によってあなたが想起する事柄は、途上国の飢える人びとへの支援、砂漠化が進行する大地への植林、それとも、「平和構築」のための自衛隊の派遣であろうか。広辞苑によれば、国際は「諸国家・諸国民に関係すること。もと「万国」とも訳され、通例、他の語の上につけて用いる」単語であり、協力は「ある目的のために心をあわせて努力すること」とされる。文字通りの国際協力とは「諸国の人々が共通の目的のために心をあわせて努力すること」になる。

　英語圏でいう international cooperation と日本語の国際協力は同意、同語感ではない。従来、日本では途上国への援助や支援のことを協力と称してきた。もちろん、日本語にも development assistance（開発援助）や foreign aid（海外援助）に相当する用語が存在するが、これらはどちらかといえば専門用語^{テクニカルターム}に類する用語である。一方、正真正銘の専門用語ながら政府開発援助（ODA）という用語が一般に広く普及しているのも日本ならではの現象である。いわゆる国際協力という言葉には、紛争地域を含む開発途上地域に対する日本からの働きかけとして、さまざまな協力・援助群の上位概念としてのニュアンスがある。少なくとも、国際平和協力なる概念が法制化され一般化する1990年頃までは、国際協力という語は、開発途上国・地域への経済協力（ODA およびその他資金

の流れの総称）とほぼ同意語として流通していた。

　私たちが現実だと理解する事象は、実は現実そのものではない。言語を媒介として認識された何かであり、私たちの頭の中で認識＝現実という暗黙の前提が機能しているから、疑問が生じないのである。古来より、事象が先にあってそれを表現するために言葉が作られてきたはずであるが、現代社会においては必ずしもそうでないケースが増えてきた。すなわち、言葉が現実（の認識）を作り出すのである。このことは、国際協力という用語に最も適切に当てはまるように思われる。

2　なぜ援助でなく協力なのか？

　協力とは非常に曖昧な言葉である。1974年の国際協力事業団（Japan International Cooperation Agency ＝国際協力事業団、現国際協力機構、以下JICA）設立以前から、経済協力という用語は存在していた。有償資金協力（円借款）、無償資金協力、技術協力といった援助スキームも存在していた。一方、例外はあるものの、欧米の援助機関の名称や政策用語としては、海外開発、国際開発という用語が主流である。また、社会科学の学術論文では、aid/assistance（援助）という単語が用いられることが多い。なぜ、「開発」や「援助」でなく「協力」なのか。

　日本の援助はインド、フィリピン、ビルマ、インドネシアへの戦争賠償に始まるが、経済協力という文言が正式に登場するのは1954年のビルマとの平和条約および賠償・経済協力協定である。1955年時点の外務省賠償部調整課の事務分掌に「賠償及びこれに伴う経済協力」という規程がみられ、1958年の外務省設置法において海外経済協力が外務省の所掌事務として、法律上明文化された[3]。経済協力という用語は、1951年に富士製鉄社長の永野重雄（後の日本商工会議所会頭）がアジア資源開発関連のプロジェクトを推進した際に使用したのが始まりとされ、その後行政用語になった。経済協力とは、ODAと各種の政策資金が対発展途上国民間投資や貿易を促進するという政府と企業の連係プレーである[4]。

　技術協力や円借款という有償資金協力は1954年の日本のコロンボプラン加盟

を機に開始され、経済協力に包含される下位概念として定義された。経済協力の実施体制が整い始めるのは1960年代前半である。経済協力という名の「賠償」義務を負いつつも、当時の日本は被援助国であった。こうした背景からあえて、開発や援助という用語を避けて協力と表現したとすれば、それはそれで納得がいく。

3　経済協力行政の前史

JICA 設立以前に、途上国への援助という意味合いをもたせた国際協力という行政用語（組織名称、事務分掌という次元で）をいち早く採用していたのは、意外なことに外務省ではなく、農林省（現農林水産省）であったと推定される。今日の外務省には国際協力局という ODA 担当部局があるが、これは2006年の機構改革によって誕生した組織で、以前は経済協力局が ODA 業務を担当していた。経済協力局の前身である経済協力部が設置されたのは1959年である。1951年の外務省設置法施行当時、国際協力局は存在したが、これは後の国際連合局の前身である。

農林省では国際協力業務の担当組織が課になる前から、大臣官房の事務に関して、「賠償及び国際協力に関する事務を総括すること」（傍点引用者、農林省組織令第7条9、1961年当時）とあり、すでに国際協力という文言が存在した。国際協力課の設置は1963年1月で、所掌事務は「1　農林省の所掌事務に係る国際技術協力に関する事務を総括すること。2　農林省の所管行政についての海外との連絡に関すること。3　前2号に掲げるもののほか、農林省の所掌事務に係る賠償及び国際協力に関する事務を総括すること」（農林省組織令第18条、1963年当時）となっていた。当時、中央省庁の課以上の組織で、国際協力の名を冠していたのは、外務省経済協力局と農林省農林経済局の国際協力課[5]であり、前者は国際機関業務にほぼ特化していた。少なくとも組織名称という点では、農林分野が（2国間の）途上国援助・協力＝国際協力という意味づけを早くから採用していたと推察される。農林省は JICA 設立に決定的な役割を果たすことになる。

4　国際協力が考案された背景と経緯

　端的にいえば国際協力という行政用語がオーソライズされ、広く周知される
ようになった契機は1974年のJICAの設立である。最終的に国際協力事業団と
いう名称に至るには紆余曲折があった。外務省および各省庁にまつわる関係議
員の間の駆け引きや交渉という霞が関・永田町の政治的手続きを経て、オーソ
ライズされた用語である。その是非を問うのではなく、前節でみた状況との関
連も念頭に置きつつ、一連の流れと用語の出自を確認しておきたい。

　JICA設立の直接の契機は、1972-73年に資源小国の日本を見舞った2つの
出来事、世界穀物危機と第1次石油危機であった。米ソ同時不作とニクソン政
権による大豆の輸出禁輸措置は、コメを除く穀物のほとんどを輸入に頼ってい
た日本にはショックであった。農林省はすぐさま世界食糧需給調査団を各地に
派遣、その結果を踏まえて海外農林業開発公団構想が官僚側から打ち出され
た。⁶⁾この構想は、①相手国政府の開発適地調査、②相手国の農林業開発に対す
る技術的・資金的支援、③日本企業が海外で行う農林業開発に対する技術的・
資金的支援、④専門家の養成確保の4つからなり、JICAの基幹業務である開
発調査、専門家派遣、各種の技術協力の原型を見出すことができる。⁷⁾農林省は
業界団体や自民党の湊徹郎衆議院議員など与党の有力政治家を巻き込んで、
着々と新団体（海外農業開発協力事業団）設立に向けた予算要求の準備を進め
た。1年遅れて通商産業省（現経済産業省）も、石油をはじめとする地下資源
の輸入先の分散や鉱工業開発への各種支援を盛り込んだ海外貿易開発公団構想
を打ち出す。こうして、農林省、通産省、外務省の対立と駆け引きが始まっ
た。⁸⁾農林省、通産省の両構想とも開発輸入を重視しており、途上国で事業を展
開する日本企業への融資も想定していた（後のJICA開発投融資事業）。

　1973年秋冬に、田中角栄内閣の下で、両構想は海外経済開発協力公団構想へ
と一本化された。同年12月25日、自民党三役と経済協力関係五大臣（大蔵、外
務、通産、農林の各大臣および経済企画庁長官）による会議を経て、JICA設立が
決定された。国際協力事業団という名称に変更されたのは12月25日の会議の直

前と考えられる。国際協力という言葉の直接の命名者は福田赳夫蔵相（当時）の可能性が大きいとする見解がある。オリジナルJICAは、外務（主管）、通産、農林の三省共管となり、事業団時代は役員・幹部ポストの配分にもこうした事情が反映された。

　以上が国際協力という行政用語が一般的な言葉として流布されるようになった契機としてのJICA命名の経緯である。当初から、国際協力は開発輸入を含め日本の国益を念頭に置いた多国的・多角的な事業展開というニュアンスを有していた。

5　国家事業としての国際協力の追認

　JICA設立後、途上国への開発援助とほぼ同意語として一般に受容されていた国際協力に別の意味合いが追加・既成事実化されるのは、1990年代以降である。平和構築、国際貢献という名の国際協力業務、すなわち自衛隊の海外派遣（兵）である。さらに2003年の政府開発援助大綱の改正による「国益事項」の明文化によって、開発援助についても「国家による国益追求事業であること」が追認されることとなった。それは2015年の開発援助大綱においても同様である。開発援助大綱では新たに「開発協力」という行政用語が生み出され（従来の「開発協力調査」といった限定的な意味ではない）、何かとネガティブなイメージの「開発援助」という単語に代替するようになった。

　こうして、①援助国日本の国益実現のために戦略的に活用すべき、②途上国の貧困削減への処方箋は開発／近代化／経済成長（日本型開発国家モデルを含む）を通じたトリクルダウン以外は存在しない、③国際協力はこれらの目的に合致すべき、という考えが、政府、研究者、一部のNGOにおける国際協力の共通認識となった。

6　援助から協力・支援へ

　途上国の相次ぐ自然災害、国内の2度の大震災への対応、国際平和協力等

様々な文脈で、とりわけ2000年代以降、従来の協力・援助という言葉に代わり「支援」という言葉を頻繁に耳にするようになった。すでに行政用語となった人道支援、緊急支援以外に「開発支援」等の表現が学術文献その他で散見される。言葉自体は、すでに1992年と2003年のODA大綱で自助努力支援、社会開発の支援といった語法、つまり、協力・援助の下位概念として用いられている。ODA大綱に代わる2015年の開発協力大綱でも同様である（国家安全保障戦略を念頭に、平和構築、人道支援等も含めて「開発協力」と定義、協力主体として企業・地方自治体・NGOが位置づけられた）。援助スキームとしては、食糧増産援助が2005年に貧困農民支援へと名称変更された。

　支援という言葉は援助よりも耳あたりがよいし、協力よりもさらに人道臭がする。行政用語以外でも「支援」という言葉が広範に受容される現象は何を意味するのだろうか。

7　国際協力をめぐる教育研究の変化

　認識論としての国際協力問題に関連して、この四半世紀に進展したもうひとつの変化がある。教育研究機関における展開である。故大来佐武郎氏らの努力と官学の協力によって国際開発学会が発足したのは1990年であった。その後、国立大学に国際協力／開発に特化した教育研究を行う独立大学院が相次いで設立された。類似のコンセプトに基づく私学の大学院でも国際協力／開発は重要分野となった。産官学連携が叫ばれる中、教授陣も政府機関や国際機関のOBが大きな割合を占めるようになった。

　高等教育における知の生産空間の景観は大きく変化した。それまで、法学部、経済学部、あるいは文学部（文化人類学など）、外国語学部（地域研究など）といった個々の 分野 で営まれてきた知の生産が、政策としての国際協力の推進という旗の下に統合再編されたのである。2000年代以降、国家戦略的な視点から研究の国際競争力の向上を掲げる21世紀COEプログラム、グローバルCOEプログラムに始まる各種の研究資金提供の方式が導入された。いずれも文部科学省による競争的な大型補助金であり、採択状況は東大、京大をはじめ

とする旧帝大と東工大に、私学では慶大、早大等の有力大学に集中している。その一方で、18歳人口の減少等に伴い、地方国立大や中堅以下の私学をとりまく潮流は、研究よりも学部教育へ、さらには就職予備校化へと確実にシフトしつつある。以上のことから、大学教員の業績主義の強化・徹底とあいまって、研究機関としての大学間の役割分担、序列化が明確になり（徹底され）つつある。

　こうした「改革」によって優れた研究成果が生み出され、独創性のある若手人材が育つならば、とりあえず、それは歓迎すべきことである。また、政策の主体、研究対象は政府が太宗を占めつつも、地方行政、NGO/NPO、市民団体が排除される訳ではない。そうであっても、国際協力をめぐる認識論的転回という観点からの問題提起をすることは許されるだろう。第1は、途上国のさまざまな問題にまつわる知の生産に「国際協力／開発＝政策」言説というフィルターが不可避的に設けられてしまう可能性である。第2は、批判的知性・研究という領域が展開・継承される余地が大幅に縮小されたことである。実践的、実用的研究の重要性は理解できても、知の生産空間におけるバランス・多様性の観点から、これは好ましいことではない。

　かつて1980-90年代にODAによる環境破壊や人権問題などで活躍した第一線級の批判系研究者が引退して久しい。一連の「改革」や大学間競争の激化の中で、こうした批判系研究の後継者の再生産・育成の場は「業界」内で著しく周辺化された。ただでさえ、専任研究職の座を得るのが難しい中、博士論文で批判系のテーマを選んだ院生がすんなりと職に就けるだろうか。ここで詳述することは控えるが、大いに心配である。こうした地殻変動は学士課程教育に直結する。政策的言説の氾濫と批判的視点の排除は、学ぶ者たちにとって、必然的に国家／国益目線、上からの近代化／開発目線の普遍化として浸透する。やがてこれが、社会全体の認識論的バイアスの再編へと還元される可能性がある。

8 国益と人間の安全保障は常に両立可能か？

(1) 国益の再考

国際協力、経済協力、開発協力、○○支援など言葉に屋上屋が重ねられつつも、現行の制度的枠組みの根底にドナー国（援助実施国）としての日本の「国益」があることを確認してきた。

では「国益」とは何か。国家＝政府（および背後にある多国籍企業）の利益か、それとも、国民＝市民にとっての便益か。上記でみたように政府の説明においても「日本国民の利益の増進」という間接的な言い回しから、より明確に直接的に「国益の確保[11]」が各所で謳われるようになった。

「国益」とは為政者側に立つ者にとって実に都合がよい便利な言葉である。1990-2000年代のODA批判ブーム以降、「ニッポンの顔（旗）が見える援助」論に端を発し、昨今の援助と民間投資（経済的見返りが前提）の連携論などについての議論をみれば、保守派が一貫して唱えてきた「国益」に期待されていることは極めて明快である。そもそも、英語では国益は national interests となる。つまり「国家的関心」である。無論、テクニカルには「国民的関心」と訳すことも可能だ。だが日本の為政者に限らず、為政者が「国益」という用語で語る事柄がどちらの関心に属するか、その都度考えてみて欲しい。答えはいうまでもなく前者であろう。その背後には、日本固有の潮流とグローバルな潮流[12]がある。グローバルな潮流としての「援助から民間投資・貿易へ」、そこにおける前提としての「経済的見返り」という事実上の"国家・多国籍企業"益の是認・追求には、前述のとおり、中国の世界とりわけアジア・アフリカにおける開発戦略の影響があるだろう。

(2) 人間の安全保障とSDGs

1990年代中葉以降、冷戦の終結とグローバル化の進展を背景に重要性が高まってきた人間の安全保障という概念がある。これは、故緒方貞子やノーベル経済学受賞のアマルティア・センらの尽力により、国連の社会開発サミット等

の場で議論、オーソライズされてきた。旧来の国家安全保障のように国家単位で安全保障を考えるのではなく、人間一人ひとりを単位に安全保障を考えようとする概念である。そこでは、貧困・差別・環境問題などの「ローポリティクス」（政治性の低い国際関係）を念頭においた多様な恐怖や欠乏から人々を保護しエンパワーメントすることが必要だとされる[13]。

　また、ミレニアム開発目標（MDGs）の後継として2015年の国連サミットで採択された持続可能な開発目標（SDGs、2016-30年）では、「誰一人取り残さない」というスローガンの下、貧困、飢餓、教育、ジェンダー平等、環境など17の開発目標が掲げられた。「誰一人」という言葉が象徴するように、人間の安全保障同様、開発の働きかけの対象としての一人ひとりの人間が想定されている。

　当然のことながら、開発援助大綱など政府の国際協力政策の説明においても、人間の安全保障が盛り込まれ、SDGsの達成のため取り組みを推進していくことが各所で謳われている。総論よしとしても、そこに盲点・矛盾はないのか。

(3)　国際協力という言葉が包含する矛盾

　大まかな議論として、持続可能な発展には、①多国籍企業、外部からの技術導入による大規模工業化や工業的農業化による「外生的発展（外来型開発）」、②地域固有の文化や自然資源のメンテナンスを重視する「内生的発展（内発的発展）」がある[14]。現実論として、政府や大企業の都合で環境や文化の多様性が十分に担保されず、個人レベルでの人間の安全保障が疎かにされてしまう可能性がゼロだとはいえない。国際協力の現場では、経済成長と環境や社会の持続性、あるいは国益と人間の安全保障の関係がいつも共約的なwin-win関係であるとは限らない。地域住民を同質的な集団と想定することは慎むべきだとして、伝統的な生産形態や暮らし（文化の多様性）を望む非共約的な自由への地域住民からの要求が多国籍企業・ドナー国・被援助国政府の意向と合致せずwin-or-lose関係になることもある[15]。

　被援助国政府も渇望する大規模開発や多国籍企業のビジネス展開がすべて収奪的で悪ではないにしろ、そこに末端受益者のニーズと相容れない上（外部）

からの一方的な開発の押しつけに陥る危険性があることを忘れてはならない。すなわち、政府・企業と農村や都市スラムの貧困層との間にある圧倒的な権力格差という「構造」に規定されたみえない間接的な暴力（構造的暴力）である。国際協力や開発協力という概念が不可避的に有する二義性——上からの国益に親和的な開発 vs 人間の安全保障に配慮した開発（人々が帰属する文化・自然の多様性への配慮）——の矛盾が協力現場において、いかに解決されるか、あるいは権力構造下で特定の立場に回収されるか。自国の ODA 批判につながる報道がメディアから完全に消えてしまった今日、こうした問題を市民レベルで知り、考えていくこと自体がきわめて難しくなっている。

9　おわりに

　もしあなたが将来 NGO や青年海外協力隊の現場で何か活動をしたいと思っている学生なら、もしあなたがボランティアやフェアトレードに関心がある普通の会社員なら、もしあなたが新聞やテレビで時折報道される南の国々環境破壊や貧困の痛ましい状況に多少なりとも心を痛める普通の市民だとすれば、忘れないでほしいことがある。それは、誰に対して何のために自分は心を痛めているのか、行動にかかわろうとしているのか、と少しだけ内省することである。

　貧困、紛争、環境破壊に心を痛め、海外ボランティアや青年海外協力隊を志望する若者、専門的な技術や知識あるいは語学力を生かして途上国の現場で仕事をしたいと考える人は多い。現実の協力活動の現場は「きれいごと」で済むような甘い世界ではない。しかし、実際に現場にいる人も含めて、こうした人々に、純粋な動機や崇高な意志を感じることも少なくない。

　一方、ODA 大綱改正によって追認される以前から、国際協力という行政用語の出自、その用語で表現されてきた事象、出来事は政治そのものであった。1970年代中葉に行政用語として登場した国際協力という言葉の下に、本来、大きく異なる２つの精神性が盲目的に同一化されていく。そこで諸個人の利他的精神や人道的意志が国家事業の資源として回収・動員されていくように、既存の政治や行政の仕組みを超越した次元での目にみえない政治構造が見出される

のである。

1) 本章は、北野収「『国際協力』誕生の背景とその意味」藤岡美恵子ほか編著『脱「国際協力」』（新評論、2011年）62-70頁をベースに、北野『国際協力の誕生〔改訂版〕』（創成社、2017年）、北野「持続可能な開発と国際協力」佐藤真久ほか編著『SDGsと環境教育』（学文社、2017年）124-146頁からの段落単位での抜粋を追加し、さらに一部新たに加筆したものである。

2) 本書では開発主義批判の立場から、いわゆる発展途上国のことを「第三世界」「周辺」「南」などと表現している。しかし、本章においては国際協力という行政分野について表現するため、あえてそこで使われる「発展途上国」「途上国」などの用語を使用している。

3) 廣木重之「わが国ODA実施体制の変遷と時代の要請」『外務省調査月報』2号（2007年）1-28頁。

4) 加藤浩三『通商国家の開発協力政策』（木鐸社、1998年）84頁。

5) 鹿島平和研究所編『対外経済協力大系第五巻 日本の経済協力』（鹿島研究所出版会、1973年）。

6) 荒木光弥「霞が関は燃えた」『国際開発ジャーナル』8／9月号（1984年）143-157頁。

7) すでに1962年に発足した海外技術協力事業団（OTCA）において、研修員受入、専門家派遣、機材供与、開発調査、青年海外協力隊など後にJICAの技術協力事業に継承される諸事業は存在していた。

8) 荒木・前掲注（6）。

9) 荒木・前掲注（6）。

10) 村井吉敬編著『徹底検証ニッポンのODA』（コモンズ、2006年）。

11) 外務省ウェブサイト（https://www.mofa.go.jp/mofaj/gaiko/oda/files/000092329.pdf）。

12) 伝統的に、日本の援助政策は通商貿易政策や資源確保政策と深く結びついて展開してきた（加藤・前掲注（4））。

13) 長有紀枝『入門人間の安全保障』（中公新書、2012年）。

14) 厳網林「持続可能な発展の諸説とアジアでの展開」厳網林・田島英一編著『アジアの持続可能な発展に向けて』（慶應義塾大学出版会、2013年）1-22頁。

15) 小規模家族農業支援を主眼にした農業農村開発より、開発とビジネスの連携の名の下で、輸出向けの換金作物の大規模生産を志向する開発が、狭義の国益や自由貿易の潮流の面からだけでなく、被援助国政府にとって魅力的な選択肢として優位性をもつ場合が多い。近年の政府批判的報道の「自粛」により、一般には知られていないが、モザンビークでのプロサバンナ事業は日伯連携ODA事業として期待される一方、現地小規模農家からの反対の声などさまざまな議論がある。同事業はブラジルでの日本のODA事業であったセラード農業開発の経験を基に、ブラジル・日本両国の連携により、モザンビーク北部地域における輸出のための大規模で近代的な農業生産を行うための農業開発事業である（高橋清貴「主権者を置き去りにする援助」重田康博ほか編著『SDGs時代のグローバル協力論』（明石書店、2019年）111-132頁）を参照。

第**11**章

サブシステンスの剥奪と草の根の活動
——フィリピン農村地域の事例から

勅使川原　香世子

1　はじめに

　世界中すべての人が十分に食べられるだけの食糧があるのに、なぜ、9人に1人が飢えに苦しんでいるのだろう。推計8億2000万人（2018年）もの人びとが十分に食べられず、5歳未満児の21％以上が栄養不足のために発育が阻害され、その上その数は、2015年にSDGs（持続可能な開発目標）が採択されて以降3年連続で増加している[1]。

　これまで、国際機関や開発援助供与国、問題に直面する当事国政府が、ただ手をこまねいていたわけではない。1978年に採択されたアルマ・アタ宣言や2000年のミレニアム開発宣言の下、それらの機関は数々の対策を講じてきた。特にアルマ・アタ宣言で、健康格差改善のためには医療の普及だけでなく、むしろ、格差を生み出す不公正な社会構造自体を変革する必要があるとの見解[2]に至ったことは画期的であった。しかし、デイヴィッド・ワーナーが『いのち・開発・NGO』の中で指摘したように、当初の思いは医療の普及へとすり替えられ、社会構造の変革というコンセプトは骨抜きにされた。

　本章では、医療市場において健康回復から遠ざけられる農村地域低所得層の実態と、同国山間部トリニダッド村のハンチントン・ビーチ・マウンテン・クリニック（以下、マウンテン・クリニック）と村人たちによる草の根活動をとおして、次の2点について考えたい。それは、①医療市場へのアクセス促進政策

が農村地域低所得層へもたらしたもの、②日本に住む私たちと彼らが被る暴力との関係性である。

2　東ネグロス州ギフルガン市トリニダッド村の人びとの暮らしと健康

　トリニダッド村は、幹線道路を外れた山の麓から4〜5人が同乗する乗り合いオートバイで1時間ほどの中山間地域に位置する。ギフルガン市人口は約9万6000人で、同村には約6030人が暮らしている。

(1)　主なインフラ

　村には、舗装道路、電話線、携帯電話のアンテナ、上下水道システム、街灯といった、日本では一般的な公共設備はない。電線は引かれているが、経済的理由から、ごく一部の世帯が電気を利用しているにすぎない。医療施設は、市保健所が管轄する村の診療所バランガイ・ヘルス・ステーション（BHS）1カ所、聖フラシスコ修道会のマウンテン・クリニック1カ所が設置されていたが、マウンテン・クリニックは、2018年12月の同国国軍と国家警察による家宅捜索以降（後述する）、活動の中止を余儀なくされている。

(2)　安全な水と衛生

　同国において上水道により給水を受けている人口は全体の74%である[3]。大方の家に上水道設備がない同村では、公共の水汲み場から運んだ水に次亜塩素剤を加えて消毒する方法が推奨されている。しかし、味やにおい、費用負担の困難さから、なかなか普及しない。また、手間や燃料の節約が優先され、水を沸かして飲むという習慣も根づいていない。

　さらに、下水処理施設は同国人口の4%をカバーするにすぎない[4]。その上、2015年の時点で、同国の700万人が屋外で排泄しているといわれ、1900万人が不十分なトイレを利用している[5]。同村の大方の家庭にトイレはなく、また、飼育される家畜は至る所で排泄するので、土壌や河川は常に汚染されていると想定される。雨期になると、細菌などで汚染された土が村人たちの飲料水となる

水源や川に流れ込むが、上水道の利用や浄化された飲料水の購入が経済的に困難な村人たちは、その汚染された水を飲まざるをえない。結果、アメーバ赤痢や腸チフスなどの水系感染症が増加する。

(3) 食と栄養

貧困や不健康の問題は、経済成長によって解決されると信じられてきた。だが、同国における近年の経済成長にもかかわらず、栄養失調を一主要因とする乳幼児の発育障害がこの15年間減少していない[6]。なんと、6〜11カ月の乳児の17％に、12〜23カ月の36％に発育障害が生じているのである[7]。

人口の約18％が空腹なのに食糧を入手できない経験をし[8]、5歳以下の子どもの実に30％が栄養失調[9]である[10]。飢餓[11]は貧困や食料品価格高騰、安全な水入手の困難さ、不衛生な環境などによって引き起こされ、その背景には、不公正な社会経済的構造がある。食糧の不足だけが飢餓の原因ではない。

同国政府は農村地域において、米やトウモロコシの種子、肥料などの配布、微量栄養素を補うための鉄剤やヨウ素剤、ビタミン剤の配布といった対策を講じてきたが、同村でも、栄養失調は深刻な問題であり続ける。

(4) 飢餓の背景にある農地改革の頓挫

同村の農民組織は、農地改革が進まないために、農民たちは自家消費に十分な米やトウモロコシの収穫を得られないという。全国の農地改革対象地540万ヘクタールの約89％が小作人や農場労働者に分配されたとされるが、対象地の70％が存在するネグロスを含む24の州における達成率は67％にとどまる[12]。さらに、農地改革省は、地主や小作人、農業労働者一覧表がないため、分配されるべき土地や分配を受けるべき受益者を把握することすら困難な状況にあると認めている[13]。

同市とその周辺における農地改革頓挫は、小作人以外の第三者への土地譲渡、第三者への土地リース、抵当権をもった銀行による立ち退き命令などによる。結果、同村就労人口の95％を占める農業者のほとんどは、地代を収穫物で支払う刈分け小作のままで、平均5〜6人の家族が十分に食べられるだけの取

り分を確保できない。

　現金収入を得るために、農民たちはサトウキビ大農園での日雇い労働に就く。日雇い労働で得られる日当60ペソ（約120円）は、平均的な家族が１日に必要とする米１〜1.5キログラムの価格にすぎない。

　結果的に、農業の元手や教育費、医療費は、村の商店経営者や農作物取引業者などからの高利（一般的な利子は月20％）の借金で賄われる。農民組織リーダーによれば、農民の75％ほどが、高利貸しからの借金を常態化させている。

(5)　国軍と NPA の紛争・市民への暴力

　ネグロス島は、共産党軍事部門新人民軍（New People's Army: NPA）が活発な地域として知られる。国軍と NPA との武力紛争はすでに40年以上続いており、同市には12カ所の国軍駐屯地が設置され、そのうち２つは同村に存在する。

　これまでも、農地改革法に基づく農地分配や劣悪な労働環境の是正など、自らの権利を主張したり、地主や政治家など地域の権力者に異論を唱えたりする人びとは、事あるごとに、「NPA を支援している」「NPA メンバーである」といったレッテルをはられ、脅迫や嫌がらせ、連れ去り、殺人などの標的となってきた。さらに昨今、その状況は悪化の一途を辿っている。ネグロス島などへの非常事態宣言（2018年11月）、NPA との紛争終結のための大統領令（同年12月）発布以降、これまでとは異なる規模で、異論者への弾圧があからさまに繰り広げられているのである。同国政府は、「テロリスト」との戦いを強調するが、実際に国軍や国家警察による作戦の中で殺害されているのは、武器を持たない不公正に声をあげる一般市民である。

　人権団体 KARAPATAN によれば、現ドゥテルテ大統領下において、超法規的殺害（国軍や国家警察、あるいは、それらに関係していると想定される者による殺害、あるいは、それらの容認・黙認のもとに実行される殺害）の被害者となった農民組織メンバーや人権活動家、弁護士などは2019年６月までに266人（実際の被害者数はこれを上回る）に上り、そのうち216人は農民である。ネグロス島では、2019年11月までに、87人が殺害された。バイクに２人乗りした犯人が人目

を憚らずに殺害し即座に立ち去るといったケースが多くみられたが、上記法令の発布以降、国軍と国家警察による合同作戦における殺害や不当逮捕が急増している。

　たとえば、2018年12月27日に同市等で実行された合同作戦において、7人の市民が殺害され、十数人が不当に逮捕された。さらに、同年3月30日に東ネグロス州カンラオン市を中心に実行された合同作戦の際には、14人が同様の方法によって殺害され、同じく十数人が虚偽の武器不法所持の容疑で不当逮捕された。いずれも、国軍などは、「『容疑者』が抵抗したために殺害した」と説明している。しかし、同人権団体などの聞き取り調査からは、被害者は寝ていたところを突然襲われていること、武器を所持していないこと、抵抗していないことなどが明らかになっている。また、2019年10月31日には、農民組織や人権団体など3カ所の事務所、1軒の個人宅が合同部隊によって家宅捜索され、55人（翌日に2人、合計57人）が虚偽の容疑によって一斉に警察へ連行されるという事件が発生した。そのうち11人は、武器不法所持という虚偽の容疑で起訴され、うち6人に対して追い打ちをかけるようにででっち上げの人身売買の容疑がかけられた。

　上記12月27日の合同作戦の際、前述のマウンテン・クリニックも家宅捜索を受けた。クリニック・メンバーのコンピューターや携帯電話、現金などは押収され、院内は破壊された。メンバーは殺されずに済んだが、「NPAの支援者」というレッテルをはられ、いまも国軍と国家警察の標的とされており、同合同作戦以降、同村へ戻れなくなっている。

　マウンテン・クリニックのメンバーは、1974年以来、命の危険を顧みず、村人たちのサブシステンスの獲得、尊厳の回復をめざして、不公正な社会経済的構造を変革すべく声を上げ続けてきた。いま、命がけで不公正に抗ってきた人びとの声が、ことごとくかき消されようとしている。

　他方、NPAから住民への圧力があることも事実である。たとえば、同市以外に住むある農民は、たびたびNPAから食料や革命税（Revolutionary Tax）を要求され断ることもできず、山間の村から引っ越すことを余儀なくされた。革命税とは、NPAが住民や企業などから徴収している金銭を指す。NPAはこれ

を住民のために利用していると主張するが、同国政府は「ゆすり」であると非難し、多国籍企業や国内企業に対して支払わないようにと警告している。農民・労働組織、先住民族団体などからなる左翼勢力のフロント組織民族民主戦線（NDF）のアドバイザーは、年間徴収額は不明だと語ったが[14]、同国国軍は、年間総徴収額4億6000万ペソ（9億2000万円）で、その60％は企業からのものであると述べた[15]。ちなみに、米国リスクアセスメント会社は、総額600万ドル（6億6000万円、2004年時点）であると報告した[16]。

　農民たちは、国軍・警察とNPAの紛争の中で双方から重圧を受け、非常に難しい選択を常に強いられている。

(6)　人びとの健康・格差

　同国保健省は、健康格差の是正を医療市場へのアクセスに求める政策をとってきたが、格差は拡大しているようにみえる。

　たとえば、前述したように、栄養失調を一主要因とする乳幼児の発育障害がこの15年間減少していない。また、妊産婦死亡率削減の鍵とされる医療従事者の介助／医療施設による分娩の割合が東ネグロス州を含む中部ビサヤ地方において増加した（2013-17年）にもかかわらず、妊産婦死亡率は増加傾向（2013-15年）にある[17]。主要な妊産婦死亡原因にも、食習慣や栄養状態、貧血、慢性疾患の管理不足などが関与している点に注目したい。

　また、東ネグロス州の死亡原因には、悪性腫瘍のような非感染性疾患と、結核などの感染性疾患が混在しているが、低所得層は、食糧や安全な水によって回避できる感染症によって死亡することが多い。

　抗生物質が完成する以前でも、生活改善に伴って伝染病死亡率が減少したこと[18]、後述するように、その場しのぎの医療によるサブシステンスの崩壊が人びとの健康回復をいっそう困難にしていることからも、医療へのアクセスが健康格差を解決するという通説を見直す必要がある。何が人びとの健康を蝕んでいるのか、何が健康格差を生み出しているのか、その構造を解明することが急務である。

3　医療市場への包摂とサブシステンスの崩壊

(1)　医療の利用促進と受診行動（病院へ行く判断）の変化

　農村地域低所得層の受診行動は、政治的意図をもって提供された医療などによって影響を受けてきた。

　たとえば、1946年以降、同国政府と米国中央情報局（CIA）は、不満を募らせた農民たちが共産主義へ傾倒することを恐れ、医療を含む農村開発に着手した。東ネグロス州山間部にも、6カ所の州立初期医療病院が設置された。

　さらに、政治家による集票目的の医療支援や健康保険証無料配布などは公然と行われている。20年以上もの間、市長反対派はいかなる医療支援も受けられないといったカンラオン市の事例もある。同国1987年憲法において、医療は人権として謳われているにもかかわらず、農村地域低所得層は自治体首長や政治家たちの支持者となることによって医療を与えられているにすぎないのが実態である。

　こうした医療の政治的利用や1970年代以降の受診促進政策は、1990年代以降、同村の人びとに、「病院へ行けば治るかもしれない」といった回復への期待や「受診させずに死なせるわけにはいかない」という義務感をもたせ、多額の借金をして医療を購入するという行動を一般化させた。

(2)　医療を利用するようになった農村地域低所得層

　医療を利用するようになった、つまり、医療市場へ包摂された農村地域低所得層は、経済的余裕がないために医療者から相手にされない、経済的問題から治療を断念せざるをえない、治療につながらない検査のために多額の借金を背負う、農地まで失う、医師に不要なサプリメントなどを優先して買わされるなどの経験をしてきた。

　農村地域低所得層は、政策に誘導されて医療市場に足を踏み入れたにもかかわらず、「医療は金持ちのもの」と思い知らされ、疎外感と絶望感を募らせている。その一方で、医療関連事業者や医師たちが、次に述べる収奪と呼べるよ

うなシステムの中で、低所得層のなけなしの所持金から多大な利益を得ているのである。

　私は、医療従事者の低所得層への対応を、倫理問題として糾弾することでは何の解決にもならないと考えている。ある看護師は私に、「自分の家族を、無視され床で寝かされているあの患者のようにはさせたくない」と言った。彼らもまた、支払う経済的余裕がなければ排除されるという同様の不安感の中で、切羽詰まった日々を生きている。「やらなければやられる」といった不安を多くの人びとが内面化していること自体、問われる必要があるだろう。

(3)　医療市場内の収奪システム

　世界的医学雑誌コクランのトップ医師ピーター・ゴッチュや英国メディカル・ジャーナル編集長だった医師マーシャ・エンジェルらによれば、製薬企業は、製品を販売する国で利用される「治療ガイドライン」に直接的に影響を行使するため、保健省トップ、規制にかかわる組織のトップ、そして、臨床試験にかかわる現場のトップを買収する[19]。臨床医たちは当該国のガイドラインや高名な医師の意見にそって医薬品を処方するので、そこを押さえれば大きな利益を確保できるのである。

　ここでは、より身近でより直接的に人びとの生活に影響を及ぼす、地域医療における癒着構造に着目してみよう。

　農村地域低所得層は、受診や服薬を介して、医療市場内に構築された3つの収奪システムに巻き込まれる。それらを「腐敗システム」、「高額医薬品・サプリメント販売システム」、「非公式高利貸しシステム」と呼ぶことにする。

　まず、公的医療施設管理者や同国保健省役人、医師らによって構築される「腐敗システム」。同国の制度上、低所得層患者は、所得に応じて医療費を割引、あるいは、免除されることになっている。しかし、医療者や病院職員などによる腐敗・横領が、低所得層に無料で提供されるべき医薬品などをいっそう不足させている。

　次に、低所得層の患者は、医療関連事業者や医師らによって構築される「高額医薬品・サプリメント販売システム」に自動的に組み込まれる。同国では、

患者が低価格の後発医薬品を入手しやすいよう、医師は処方箋に商品名ではなく有効成分名を記載するよう後発医薬品法によって規定されている。だが、病院周辺の調剤薬局には、製薬企業や卸売業者、医師らの談合によって高値に維持された医薬品がストックされており、患者の選択肢は限られている。また、患者は、医師に指定された調剤薬局で処方薬を購入するよう仕向けられる。このシステムの中で、業者や医師は医薬品価格を高値に維持し安定的な利益を創出し続けることができる。

　最後に、高額医薬品などの購入を強いられた患者やその家族は、「非公式高利貸しシステム」へ組み込まれる。このシステムは地域の有力者や地主、農作物取引業者などによって構築される。前述したように、土地などの担保をもたない農村地域低所得層は、高利貸しからの借金を常態化している。そして、医療費のような臨時出費に対しても、高利貸しからの借金に頼らざるをえない状況にある。

　ひとたび医療市場へ足を踏み入れた農村地域低所得層は、無自覚のうちに、相互に関連したこのシステムの中で何もかも搾り取られてしまう。

4　サブシスンテス獲得をかけた村人たちの闘い

　人びとの現状は八方塞がりにみえるが、彼らは決してやられっ放しではない。ここで、人びとがどのように暴力に抗ってきたのか、その営みを何が阻害しているのか、みてみよう。

　マウンテン・クリニックとそこに住む人びとの活動には、外部者であった医療支援者の活動が、暴力克服へ向けた連帯の芽に転換したという特徴がある。聖フランシスコ修道会によって1974年に設立された同クリニックは、医療の提供を主目的とした施設だった。ところが、クリニックのメンバーは、農民たちの健康は食や衛生の問題、地主や政治家などによる抑圧などのために蝕まれており、医療提供だけでは解決できないと確信するに至った。それからは、農民組織と協力して農地改革推進を要求し、権利を主張しやすい環境の実現を目指して国軍からの暴力に対して抗議してきた。こういった活動をとおして、農民

たちは農地改革に関する知識を身につけ、また、権利や不当な仕打ちに対して
声を上げる勇気を強めていった。

　さらに、同クリニックのメンバーと村人たちは、地元資源を活用し、村内で
の健康問題解決に取り組んできた。具体的には、医療ボランティアの養成や、
伝統出産介助者（地域の中で学び、分娩介助を実施している人）や伝統医療師（自
生ハーブや祈祷、マッサージなどを利用して治療する人）などとの知識交換と協働
である。これらの地域資源を利用し、村人たち自らが地域医療の担い手として
互いに提供するサービスは、結果的に、農村地域低所得層が医療市場の中で無
駄に浪費させられることを防いできた。また、地域の力で解決しようとする姿
勢は、権力への依存が権力者の不正や不公正な社会構造を温存させるという悪
循環を弱めるものと考えられる。

　同修道会の方針転換や外部資金調達の困難さ、前述した農民組織や人権活動
家などへの弾圧の強化によって、マウンテン・クリニックの活動はいま休止状
態である。だが、医療活動をとおしてクリニックのメンバーと住民たちが育ん
できたお互いへの信頼や連帯、不屈の精神はいまも人びとの中に根づき、不条
理な現実に立ち向かう原動力となっている。

5　おわりに

　冒頭に述べたように、本章では、①医療市場へのアクセス促進政策が農村地
域低所得層へもたらしたもの、②日本に住む私たちと彼らが被る暴力との関係
性について検討することを目的とした。

　まず、①医療市場へのアクセス促進政策が農村地域低所得層へもたらしたも
のは、医療への不信感と「排除、あるいは、差別されている」という確信、疎
外感、さらなる借金、耕作地の喪失、地主など権力者への従属、そして、健康
回復過程の後退、あるいは、あらたな病だった。政策立案者たちは、低所得層
を市場に取り込むことで健康格差の改善を図ろうとしてきた。しかし、医療市
場において健康回復からいっそう遠ざけられた上に尊厳まで奪われた彼らに、
医療への信頼は見受けられない。山間地域のサリサリストア（自宅の軒先に設け

られた小さな商店）で販売される医薬品の安全性や効果に、疑問を呈する医療従事者は多い。だが、農村地域低所得層にとって、必要性や効果が不明確で高値に維持された医師の処方による医薬品よりも、たとえ安全性が担保されていなくとも、信頼できる知人や友人に勧められた安価な医薬品の方がよほど「まし」なのかもしれない。

　他方、あらゆる所に氾濫した医薬品が、人びとの生命を直接的に脅かしていることも事実である。医薬品の乱用とは別に、医薬品として販売されている564のサンプルのうち80％以上が食品医薬品局未承認の商品であるという報告もある。[20]

　上記の事実から、安全性や効果が不明な食品や医薬品に関する情報を普及することと、それらの氾濫を阻止することが急務であることに疑いの余地はない。だが、「ニセモノ counterfeit」という用語で一括りにして、効果や安全性の疑わしい商品と後発医薬品[21]の両方を同等のものとして摘発することには注意を要する。なぜなら、合法的に生産された医薬品が、「特許権侵害である」ことを理由に「ニセモノ」として取り締まりの対象になっているからだ。たとえば、同国内で認可されている医薬品であるにもかかわらず、それが同国の代理店を介さずに輸入されたことを理由に、「ニセモノ」であるとして訴訟の対象となっている。また、多国籍製薬企業の利益を守るために、輸出入国間において法的問題のない交易が、当事国以外から批難され、輸送を阻止されるという事例もある。適切に生産された安価な後発医薬品の流通阻害は、今後さらに、低所得層を効果や安全性の不明な医薬品市場へと追いやることになりかねない。これは明らかに、2001年に第4回WTO閣僚会議で採択された「TRIPS協定と公衆衛生に関する宣言」に背く行為だ。特許取得者保護のために、公衆衛生を保護するための措置が妨害されることなどあってはならないと、確認されているはずである。[22]

　次に、②日本に住む私たちと彼らが被る暴力との関係性として、双方とも「いのちの沙汰もカネ次第」という現実に直面していることをあげる。日本政府は、政府開発援助などを活用した日本の医療機材輸出によって「発展途上国」の技術向上に寄与するとしている。[23]しかし、事例からも明らかなように、

高度な検査機器や技術が、病気からの回復に貢献しているとは言い難い。日本政府は、アジアを中心とした医療市場規模を20兆円と試算し、医療市場拡大に向けた取り組みを強化している。今後いっそう、世界中の人びとが医療市場へと物凄い勢いで取り込まれていくだろう。だが、現在の社会経済的構造を前提とした低所得層の医療市場への包摂は、低所得層のわずかばかりの所持金を医療従事者と医療関連事業者に流す仕組みを安定化させ、彼らの病気からの回復をむしろ妨げている。

　日本でも、医薬品価格の高騰や国民皆保険制度の形骸化が懸念されている。経済的余裕のないものが医療を購入できないという現実は、市場論理の下において、きわめて当然のことと受け入れられている。もし読者が、「一方が有形物を提供できなければ、他方は不均衡な関係を打ち切ってよい」²⁴⁾という論理を受け入れるならば、自分にも同様のことが起こりうると受け入れざるをえない。

　フィリピンを含む170カ国が、世界人権宣言において謳われた、生命、自由及び身体の安全に対するすべての人の権利を認めている。それにもかかわらず、医療は限られた人だけが享受できるものにすぎない。そんな現実が、いま、目の前に広がっている。新型コロナウイルス感染症だ。

　2019年12月31日に初めて中国の世界保健機関に報告された新型コロナウイルスの感染（当時はまだウイルスが同定されていなかった）は、2020年4月16日現在、ほぼ全世界に広がった。検査によって感染が明らかな人口は約199万人、それによる死亡は13万人を超えた。誰にでも感染のリスクはある。だが、米国における死亡ケースがアフリカ系米国人に偏っているという事実からも明らかなように、この感染症が人類すべてに同様の災厄をもたらしているというわけではない。

　フィリピンでは、4月15日現在、5453人に感染が認められ、349人が死亡した。3月24日には、同国全土に非常事態を宣言し、4月17日現在も都市封鎖が続いている。本稿において述べた健康格差や治療提供体制の不備などの問題はもとより、感染症を封じ込めるために実行される政策によって貧困層の生命が危機に瀕している。主に、以下のような深刻な人権侵害が起こっている。

①刑務所への勾留：最低賃金にも満たない日当で暮らす貧困層にとって、外出禁止令は飢餓を意味する。だが外出禁止令の違反者とみなされると、野犬用の檻に入れられる、炎天下に長時間留め置かれる、密集した刑務所に勾留されるなど、人権侵害といえる仕打ちを受けることになる。刑務管理局によれば、昨年10月の時点で、定員の450％にあたる人数が刑務所に収容されている。さらに、いくつかの刑務所では新型コロナウイルス感染が確認されており、今後、爆発的な感染が予想される。前述の人権団体カラパタンや国連人権理事会などは、政治犯の釈放や刑務所内の人数を減らすことを要求しているが、現在のところ、同国政府が応じる様子はない。

②違反者を殺せという大統領の発言：4月1日、ドゥテルテ大統領が地域隔離政策の違反者を殺すと公言した。続いて、人権団体カラパタンによると、コルディリエラ地区警察署長が警察官に対して、民衆を組織化する個人を撃つように指示した。カラパタンは、市民団体など異論を唱える者がいっそう暴力の標的になると懸念を示している。

③感染症対策に乗じた異論者の封じ込め：4月1日、飢えた21人の日雇い労働者が、政府に支援を求めるデモを実行した。彼らは、虚偽の罪により逮捕、勾留され、数日後にそれぞれ1万5000ペソ（約3万円）の保釈金を支払い保釈された。また、カラパタンによると、多くの人びとの飢えに関するソーシャルメディアへの投稿が扇動罪にあたるとして、3月27日に55歳女性教員が逮捕された。前述の非常事態宣言において、新型コロナウイルス感染症に関する誤った、あるいは、証拠がない情報、国民に有益ではない内容などを発信することが禁じられている。

貧困層は栄養失調、基礎疾患、劣悪な居住環境、知識不足などから、感染症に対して脆弱である。感染予防のためには人との接触を減らしたほうがよいが、飢えを凌ぐためには働かざるをえない。そしてひとたび外出すると、刑務所に勾留されるなどいっそう感染のリスクが高められる。

感染症対策は、いったい誰の感染予防を目的としているのだろう。感染のリスクは平等であるかのように言われるが、そこから受ける影響の格差は計り知れない。

　不公正な社会だと感じながら、私はいったい何をしてきたのか。どんな社会に生きたいか、どんな自分でありたいか、どんな社会を後世に残したいか、読者にも一緒に考えて欲しい。さあ、一歩を踏み出そう。

1）　国連食糧計画「ニュースリリース　世界の飢餓人口は3年連続で未だ減少せず、肥満は以前増加傾向―国連の報告」（https://ja.wfp.org/news/sofi_report_2019）。

2）　本章では、保健医療サービスを「医療専門家が提供する近代医学を基礎とした病気の予防や治療に関わるサービス商品」と定義し、医療と表記する。

3）　経済産業省「平成27年度新興国市場開拓事業―相手国の産業政策・制度構築の支援事業　報告書」（2016年）3頁。

4）　同書同頁。

5）　WHO, Many at risk of contracting diseases from the poorly managed wastewater of 26 million Filipinos（www.wpro.who.int/philippines/mediacentre/features/world_water_day_2017_PHL/en/）.

6）　UNISEF, The nutrition situation in the Philippines is alarming（https://reliefweb.int/report/philippines/philippines-fill-nutrient-gap-summary-report-november-2018）.

7）　Ibid.

8）　SWS MEDIA RELEASE: 30 JULY 2015（http://www.sws.org.phhttp://www.who.int/mediacentre/factsheets/fs178/en/）.

9）　栄養失調（malnutrition）とは、吸収不良、貧弱な食事、過食から起こる栄養不全のこと（ステッドマン医学大辞典編集委員会『ステッドマン医学大辞典』（メジカルビュー社、2005年）1046頁）。

10）　Save the Children, Sizing up: the Stunting and Child Malnutrition Problem in the Philippines（http://reliefweb.int/sites/reliefweb.int/files/resources/Save-the-Children-LahatDapat-Sizing-Up-the-stunting-and-child-malnutrition-problem-in-the-Philippines-Report-September-2015.pdfhttp://www.who.int/mediacentre/factsheets/fs178/en/）.

11）　飢餓（hunger）とは、食物に対する欲望や切望、また、あらゆる種類の渇望を意味する。つまり、食物がないために飢えている状態（ステッドマン医学大辞典編集委員会・前掲注（9）828頁）。

12）　Marife M. Ballesteros, Jenica Ancheta, and Tatum Ramos, *The Comprehensive Agrarian Reform Program after 30 Years: Accomplishments and Forward Options*, Philippine Institute for Development Studies, 2017.

13）　Ibid.

14）　ABS-CBN News, Reds firm: We won't stop collecting revolutionary taxes（https://news.abs-cbn.com/news/03/20/17/reds-firm-we-wont-stop-collecting-revolutionary-taxes）.

15）　Inquirer. NET, Military says NPA collects P460M yearly as 'revolutionary taxes'（https://newsinfo.inquirer.net/952237/military-says-npa-collects-p460m-yearly-as-revolutionary-taxes）.

16） The New York Times, *Rebel*s' 'revolutionary tax' adds to cost of business in Philip-
pines（https://www.nytimes.com/2004/10/20/business/worldbusiness/rebels-revolutionary-
tax-adds-to-cost-of-business-in.html）.

17） Philippine National Demographic and Health Survey 2013/2017（https://psa.gov.ph/
content/national-demographic-and-health-survey-ndhs）, Philippine Statistics Authority
（http://www.psa.gov.ph/vital-statistics/table-year/2017）.

18） R・デュボス（田多井吉之介訳）『健康という幻想―医学の生物学的変化』（紀伊國屋
書店、1979年）114頁、I・イリッチ（金子嗣郎訳）『脱病院化社会―医療の限界』（晶文
社、1979年）223頁。

19） マーシャ・エンジェル（栗原千絵子・斉尾武郎・平田智子・松本佳代子訳）『ビッ
グ・ファーマ―製薬会社の真実』（篠原出版新社、2007年）、Peter Gøtzsche, *Deadly
Medicines and Organised Crime: How Big Pharma Has Corrupted Healthcare*, Radcliffe
Publishing, 2013.

20） Sun Star, DOH sounds alarm over fake medicines, November 23, 2015（http://www.
sunstar.com.ph/manila/local-news/2015/11/23/doh-sounds-alarm-over-fake-medicine-
443075）.

21） 後発医薬品（ジェネリック医薬品）とは、「先発医薬品と同一の有効成分を同一量含
み、同一経路から投与する製剤で、効能・効果、用法・用量が原則的に同一であり、先
発医薬品と同等の臨床効果・作用が得られる医薬品」（厚生労働省（http://www.mhlw.
go.jp/bunya/iryou/kouhatu-iyaku/dl/02_120713.pdf））。

22） JICA 基礎知識（http://gwweb.jica.go.jp/km/FSubject1101.nsf/VW0101X02W/D84BE
6A9D43D725F492574D7001BAFB8?OpenDocument&sv=VW0101X15W）。

23） 内閣府医療イノベーション会議「医療イノベーション五か年戦略」（2012年）１頁な
ど。

24） ジェラルド・ベルトゥー「市場」ヴォルフガング・ザックス編（三浦清隆ほか訳）
『脱「開発」の時代―現在社会を解読するキイワード辞典』（晶文社、2004年）107頁。

第12章

北アイルランド紛争と平和構築

小山　英之

1　はじめに

　今日世界各地でのテロによって、ますます宗教は危険と考える人が増えているのではないかと推察される。塩尻和子氏は、「これらの紛争の要因を安易にイスラームという宗教に結びつけて説明するのは、とても危険なことです。本来、政治や経済に起因する問題を宗教対立にしてみてしまうと、解決の道が遠のいてしまいます[1]」と述べているが、その立場に同意しながら、キリスト教が社会的状況と連関し合っていかに紛争を生むかを考え、その上でキリスト教が平和構築のためにいかに貢献できるかをカトリック住民とプロテスタント住民が争ってきた北アイルランド紛争の事例から考える。

　北アイルランド紛争は、1969年以来アイルランド共和国との統合をめざすカトリック住民と英国との連合維持を求めるプロテスタント住民の対立が激化し、紛争が続いたものの、和平プロセスの進展とともに武装組織は停戦し、1998年4月10日、英国政府、アイルランド政府と北アイルランドの主な政党は、ベルファスト協定あるいは聖金曜日協定と呼ばれる歴史的合意に至り[2]、2005年9月26日に暫定派IRA[3]の武装解除が行われたことの宣言と証人による確証、2007年1月28日、シン・フェイン党が北アイルランド警察を承認し、2007年5月8日の北アイルランド自治政府復活により平和に向かって大きく前進してきた紛争である。争ってきた者同士の真の和解にはまだまだ時間を要す

るとはいえ、政治的には決着した紛争である[4]。その和平プロセスにおいて鍵となる要素は、英国政府、アイルランド政府が第三者の助けを借りて暫定派IRAとプロテスタントの武装組織と対話を続けるとともに[5]、政治のレベルでの活動と草の根レベルでの市民の活動が協働して和平プロセスを前進させ、その結果、武装組織が暴力手段に訴えなければならない原因となる構造的暴力が除去されてきたこと、対立する集団が、相異なる主張に互いに耳を傾け、理解することが少しずつ可能になってきたことである。

　この章では、北アイルランド紛争を理解するのに必要な諸点の概略を述べ、民族紛争における平和構築のための重要な要素を分析するとともに、宗教と北アイルランド紛争との関係についても考察したい。

2　北アイルランド紛争の背景

　まず北アイルランドにおいてどのように暴力が顕在化するに至ったかについて概観したい[6]。5世紀初頭から中頃にかけて聖パトリックが布教して以来アイルランド全土の住民はカトリックの信仰をもつに至っていた。12世紀以来英国によるアイルランドの植民地化が進む一方、イングランドでは16世紀に英国国教会が誕生し、スコットランドでは、カルヴァン派による宗教改革によって長老派の教会が生まれた。アイルランド島の北部のアルスター地方の9つの州の内の6つの州は、17世紀にイングランドとスコットランドから大量の入植（イングランドよりスコットランドからより多く入植）が行われた結果、プロテスタント住民が多数派を占めるという状況が生じることになった。現在の北アイルランド紛争は、17世紀の入植によってつくられた社会構造の遺産であるといえる。そのときにつくられた社会構造は固定化し、プロテスタント住民が支配階級、カトリック住民が被支配階級という区別が明確になり、他のすべての裂け目線を表すものとなった。さらに産業革命以降、ベルファスト港周辺では紡績業、造船業が盛んになり、プロテスタント住民が支配する東部地域の経済は他のアイルランド地域より急激に発達した。19世紀の北アイルランドの経済発展により、アイルランドの島は、2つの対立するアイデンティティーをもった地

域によりはっきりと区別されるようになった。1916年の復活祭蜂起以降、独立の気運が高まり、カトリック住民が多数派を占める地域は、1922年に英国から独立して、アイルランド自由国、1949年にアイルランド共和国となったことによってアイルランドは分割され、プロテスタント住民が多数派を占める地域は北アイルランドとして英国の一部としてとどまり、現在に至っている[7]。

　1934年に北アイルランドの首相クレイガヴォン卿は、ストーモント議会で、「南ではカトリック国家であることを誇らしげに語る。南のアイルランドは、今でもカトリック国家であることを誇りにしている。私が誇りにするのは、私たちがプロテスタント議会とプロテスタント国家の一員であることである」と宣言したように[8]、北アイルランドにおいてカトリック住民は二級の市民として差別されてきた。現在の紛争が始まったのは、1969年である。不正な選挙制度、就職における差別、劣悪な住宅状態など、二級の市民としての地位に満足しきれなくなったカトリック住民が、アメリカのマルティン・ルター・キング牧師の指導する公民権運動に力づけられて始めた、ジョン・ヒュームらを指導者とする抗議運動が紛争にエスカレートし、武装組織の活動が激しくなってしまったものである。1972年1月30日、武器を持っていない一般カトリック住民14名が英国軍に射殺された血の日曜日を契機に、多くの若者たちが武装組織に加わり、差別撤廃を求める運動に加えて国のアイデンティティーをめぐっての闘争の要素が加わることになった。紛争のきっかけは、社会的不公正、いわば構造的暴力であり、宗教は直接の原因であるとはみなされない。南のアイルランド共和国の87.36％がカトリック[9]、北アイルランド（英国の一部）では、53.13％がプロテスタント、43.76％がカトリック[10]。北アイルランドでは、プロテスタント住民が多数派でも、南北アイルランドが統一された日には、プロテスタント住民は少数派となり、北アイルランドではカトリック住民、プロテスタント住民両者ともマイノリティであるという意識をもつ二重のマイノリティ現象が生じている。紛争はもともと互いに対して抱いていた嫌悪感、敵対心をより強くし、両者とも被害者であると考えるようになってしまった。カトリック住民は4世紀にもわたる社会的排除の被害者であり、プロテスタント住民は30年間に及ぶテロリズムの被害者であり、両者とも他者を加害者と呼ぶように

なっている。

北アイルランド紛争は戦後のヨーロッパで最も終結に至るのが困難な武装闘争であった。1966年から2001年までに3661名が命を落とし[11]、その10倍もの人が負傷し、資産に対する損害は、何千億円にも及び、地域の経済的・社会的構造に対する長期的な重大な影響は莫大なものであった。

3　北アイルランド紛争の諸側面

カトリック住民が争ってきた主な理由は、彼ら／彼女らの従属的な政治的、経済的な地位とアイルランド統一への願望であり、プロテスタント住民にとっては、南のアイルランド共和国に吸収されてしまうのではないかという恐れである。

ジョン・ホワイトは北アイルランド社会で分裂を生じる側面として4つのカテゴリーを認めている。政治的側面（異なる政治的憲法の願望、異なる政党への忠誠、警察のあり方についての敵対する意見）、宗教的側面（宗教による分離）、経済的側面（カトリック住民とプロテスタント住民、英国とアイルランド共和国との間の経済的相違）、心理的側面（自分たちのアイデンティティーが脅かされるのではないかという、特にプロテスタント住民にみられる不安）。イアン・ペイズリー派のプロテスタント住民にとっては、宗教が紛争の第一義的原因ともいえるが（近年までペイズリーが、シン・フェイン党[12]との会談を拒んできた理由は、宗教的というより、テロリズムに対する拒絶心からであると思われる）、北アイルランドのそれ以外の多くの人びとにとっては、政治的な要素が第一義的原因であって、宗教は北アイルランド紛争全体に対する間接的な原因といえる[13]。紛争は、北アイルランドの2つのコミュニティーを一層隔たったものになるよう駆り立てるさまざまな政治的、社会的、文化的、宗教的、経済的、心理的な力の複雑な相互作用から生じ、強められてきた。

経済的な側面に関してつけ加えるならば、1980年代まではアイルランド共和国は、英国と比べて、貧しい後進国であったが、1990年代以降の高度経済成長により、生活の質は大変向上し、経済的な理由から英国との連合維持を望む人

表12-1　北アイルランド紛争略年表

432年頃	聖パトリック来島、キリスト教の布教始める（カトリック）
1605年〜	入植者（プロテスタント）、イングランドとスコットランドからアルスターへ
1916年	復活祭の蜂起
1922年	アイルランド自由国成立。アイルランド島南北分割
1949年	アイルランド共和国成立
1968年	北アイルランドにおいて公民権運動が始まる
1969年	IRA の活動活発化する
1972年1月	血の日曜日事件。カトリック住民のデモに英国軍が発砲、非武装の14人が射殺される。英国による北アイルランドの直接統治が始まる。
1980〜81年	IRA 服役囚によるハンガー・ストライキ。ボビー・サンズは獄中当選し、ハンスト死する。
1985年11月	アングロ・アイリッシュ協定締結
1987年	社会民主労働党（SDLP）の党首ヒューム氏とシン・フェイン党の党首アダムズ氏の話し合い始まる。11月、エニスキレンで暫定派 IRA による爆弾テロ
1990年12月	サッチャー首相に代わって、メージャーが新首相に
1993年12月	英国・アイルランド和平共同宣言
1994年9月	暫定派 IRA 停戦
1994年10月	プロテスタント系武装組織停戦
1996年2月	暫定派 IRA 停戦破棄
1997年5月	英国総選挙でブレア率いる労働党大勝利
7月	暫定派 IRA 再停戦
9月	シン・フェイン党の和平会議への参加が認められる
1998年4月	ベルファスト（聖金曜日）協定合意成立
5月	住民投票で承認
6月	北アイルランド議会選挙
7月	トリンブル氏が自治政府首相、マロン氏副首相に
8月	オマーでリアル IRA による爆弾テロ
2002年10月	シン・フェイン党関係者のスパイ疑惑発覚、自治政府停止
2005年9月	暫定派 IRA の武装解除が証人により確証される
2007年1月	シン・フェイン党、北アイルランド警察を承認
5月	自治政府復活、ペイズリー氏が自治政府首相、マクギネス氏副首相に

出所：筆者作成

びとの数は減少したと思われる。英国の EU 離脱、カトリック住民とプロテスタント住民の人口比も影響してくる。

4　政治的背景と和平プロセス

　次に北アイルランドの政治において和平プロセスがどのように進展していったかを概観してみたい[14]。

　紛争の激化に伴い、1921年以来プロテスタント議員による専制政治を続けていたストーモントの地方議会と行政府は1972年に停止され、ロンドンから英国政府が直接統治することになった。それ以来、1974年にサニングデール協定の下で権限を分担した地方行政機関が設けられた短い期間を除いて、北アイルランドは、1999年12月まで、英国政府閣僚である北アイルランド担当相によって直接統治されてきた。

　1980年代の初めから、英国政府とアイルランド政府は密接に協力しながら、北アイルランドをめぐる対立を解消するために、広範な支持を得られる永続的な政治的解決を模索していった。しかし一方では、1980-81年、服役囚の政治犯としての待遇を求める一連のハンガーストライキ闘争で、ボビー・サンズをはじめとする10人の暫定派 IRA 服役囚が命を落とした。そうした中にも、1981年4月、ハンガーストライキ中のボビー・サンズが下院議員選挙で当選し、これを機に IRA の政治組織シン・フェイン党が強力な政党として成長していくことになった。ボビー・サンズの当選は、民主政治によっても目的達成の可能性がみえてきたという意味で画期的な出来事であった。これよりシン・フェイン党は、暫定派 IRA の武力闘争とともに「アーマライト銃と投票箱」（武力闘争と民主政治）という二本立て路線で活動していくことになった。

　1985年11月、サッチャー首相とフィッツジェラルド首相の英国・アイルランド両政府は「アングロ・アイリッシュ協定」に調印し、これによりアイルランド政府が北アイルランド問題について見解と提案を表明する仕組みができあがった。この協定のひとつの狙いは、ナショナリスト穏健派社会民主労働党[15]（SDLP）に譲歩することによって、どんどん伸びているシン・フェイン党への

支持にストップをかけることであったが、ユニオニスト側では、ダブリン政府が北アイルランドの内政に口出しすることを許せば、北を南の共和国が吸収合併する第一歩になるという恐れが高まり、抗議行動が活発化した。

1987年、ナショナリスト陣営で対立していてはユニオニストとの合意はありえないという認識から、ベルファストのクロナード修道院（Clonard Monastery）のアレク・リード神父によってSDLPのジョン・ヒュームとシン・フェイン党のジェリー・アダムズとの話し合いが始められた[16]。一方、1990年、イギリスのメージャー新首相と北アイルランド担当相になったピーター・ブルックは、新しい政治対話を開始しようと精力を注いだ。

ヒューム・アダムズ対話とブルックの仲介者としての働きの土台の上に1993年12月15日、メージャー首相とアイルランドのレノルズ首相は、住民自決と合意を中心とした基本原理に基づく共同宣言を発表、政治的解決による和平の追及を宣言した。同宣言は92年初め以来両政府間で行われてきた内容をまとめたもので、その後も両政府とシン・フェイン党のアダムズ党首などとの間で、水面下の折衝が続けられていたが、1994年8月31日、暫定派IRAは「軍事作戦の完全停止」を発表した。これに続き同年10月13日、ロイヤリスト合同軍事司令部からも同様の声明が発表された。そのプロセスにおいてアダムズ党首の和平プロセスにおける影響力を強めるために1994年年1月にクリントン米大統領がアダムズ党首に米国入国のヴィザを与えるという貢献もあった[17]。

1995年2月、両国政府は対話による北アイルランド紛争解決へ向けた共同文書「合意のための新たな枠組み」を提案したが、暫定派IRAの武装解除をめぐる意見の相違から交渉が難航、暫定派IRAは96年2月9日に停戦破棄を発表し、前途多難を思わせた。

1996年2月末、両国政府は円卓会議開始に合意し、クリントン大統領の推薦したミッチェル米上院議員を議長にベルファストでシン・フェイン党を除く全政党が参加して交渉が開始された[18]。1997年5月、英国総選挙でブレア率いる労働党が大勝利し、前メージャー首相が置かれていた議会内での弱い立場が解消され、1997年7月20日に暫定派IRAが再び停戦を発表し、ユニオニスト側の、暫定派IRAが武装解除するまではシン・フェイン党は円卓会議に加われ

ないという主張にもかかわらず、停戦だけでシン・フェイン党も9月9日に交渉に参加することになり（シン・フェイン党の参加によってユニオニスト勢力の二党が交渉から離脱）、実質的な多党間協議が9月24日にベルファストで始まった。

　ミッチェル議長の巧みな仲介の下、アハーン首相、ブレア首相、モーモウラン北アイルランド担当相と各政党の代表者間の交渉の末、1998年4月10日の聖金曜日に奇跡的な最終合意にこぎつけ、北アイルランドは英国に残留するものの、自治権が与えられ、内閣を含む独自議会、南との対話機関「南北評議会」などの設置が決定された。和平案では2年以内に暫定派IRAもロイヤリスト武装組織両派とも武装解除を行い、北アイルランドの将来の帰属は「住民の自由意志により決定される」ことになった。

　さらに5月22日に南北アイルランドでこの和平案に対する住民投票が行われ、北アイルランドでは71.1%が和平合意を支持し、南では94.4%が政府の和平合意調印と「アイルランド共和国の領土は、北アイルランドも含む」という憲法条項の修正に賛成票を投じた。北アイルランドでの出口調査によると、カトリック住民の99%が賛成し、人口の約6割を占めるプロテスタント住民は真っ二つに割れ、賛成51%、反対49%と報じられた。

　6月25日北アイルランド議会新設のための選挙が行われ、7月1日には北アイルランド議会が開かれ、第一党のアルスター統一党（UUP）のトリンブル氏を首相に、第二党の社会民主労働党（SDLP）のマロン氏を副首相に選出した。8月15日に、ティロン州のオーマーで聖金曜日協定に反対する暫定派IRAから分かれていたREAL・IRAによって町の中心部で爆破事件が引き起こされ、29人が死亡し、約220名が負傷するという北アイルランド史における最大の惨事となったが、これが、この種の爆破事件の最後のものとなった。

　こうした和平への貢献によって社会民主労働党（SDLP）の党首ジョン・ヒュームと最大のプロテスタント政党アルスター統一党（UUP）党首デイヴィッド・トリンブル氏は1998年ノーベル平和賞を受賞した。

　しかしその後も暫定派IRAの武装解除は進まず、2002年10月には、シン・フェイン党関係者のスパイ疑惑が発覚するなどナショナリスト強硬派への不信が募り、自治は停止されて英国政府の直轄統治下に再び置かれた。

　この間、聖金曜日協定に反対してきたユニオニスト強硬派の民主統一党
（DUP）が2003年の議会選挙以来第一党となり、和平プロセスの進展は困難な
様相を呈していたが、2005年9月には暫定派IRAの武装解除が完了したこと
が証人により確証され、さらにシン・フェイン党が2007年1月、敵視してきた
北アイルランド警察の承認に踏み切ったことで、ナショナリスト強硬派とユニ
オニスト強硬派との間の和解への動きが進展し始め、三月の議会選挙の後、民
主統一党とシン・フェイン党の両党首による初の直接対話が実現し、5月8
日、4年7月ぶりに自治政府が復活し、ペイズリー自治政府首相は、「憎しみ
が支配する時代は終わり、我々は、永遠なる和平へ続く新しい道を歩み始め
る」と演説し、対立を続けたシン・フェイン党との和解・協力による政権運営
に歩み出した。

5　北アイルランド紛争と宗教

　北アイルランド紛争の諸側面のところでの考察に加えて、ここでは北アイル
ランド紛争と宗教との関係をさらに検討してみたい。[19] それによって、民族紛争
解決のために政治のプロセスに加えて草の根レヴェルでどのような営みが必要
かに関して洞察を得ることができると思う。

　北アイルランド紛争のような民族紛争によって宗教は危険なものと考える日
本人は多いと思われる一方、キリスト教信者の中には、北アイルランド紛争
は、政治、経済の問題であって、宗教は関係ないと考える人も少なくないと思
われる。ジョンストンとサンプソンは次のように論じる。「宗教は紛争に関し
て両刃の剣である。宗教は紛争を起こすこともあり、紛争解決のための力とな
ることもある」[20] と。

　宗教は一人ひとりの人生観や生き方にもかかわっているが、同時にきわめて
社会的なものである。したがって宗教は必ずしも宗教だけの論理で動くのでは
なく、常に周囲の社会状況と連関しており、宗教がその暴力を正当化、ないし
は助長する前に、何らかの具体的な「状況」が複雑に絡み合って、人びとに武
力行使を決断させている。

北アイルランド紛争の原因はそもそも、英国によるアイルランドの植民地支配にある。入植によってもともと住んでいたカトリック住民が二級の市民として差別されてきたことが一番の原因である。宗教が直接の原因ではない。暴力を起こさせるようにするのは植民地支配などの外的要因である。「分割して統治せよ」が英国の植民地支配政策であった。また紛争と宗教との関係はその信仰を抱く一人ひとりの人間によっても大きく変わってくる。たとえばカトリックの武装組織暫定派 IRA の構成員の多くはカトリック信者であるが、彼ら／彼女らの闘争そのものがキリスト教信仰に基づいているとは言い難い。彼ら／彼女らは差別してきた英国と英国人のアイデンティティーをもつプロテスタントの人たちの帝国主義に対して闘ったのである。一方、プロテスタント住民も400年も前に入植してきた人びとの子孫であり、当然住む権利があり、南のアイルランド共和国より海の向こうのスコットランドに親近感をもつことを理解しなければならない。そしてプロテスタントの武装組織が闘う理由にはカトリック教会の影響が強いと彼ら／彼女らが考えるアイルランド共和国と北アイルランドが統一されることに反対するというように宗教的な理由がより多く占めていた。武力闘争をしているメンバーが宗教的信仰をもっていることと、彼ら／彼女らの戦いの原因が彼らの／彼女らの宗教であるかどうかは、別の問題である。「紛争」は実に複雑な現実や情緒の絡み合いから成るものなので、その原因や形成要素を特定の何かに収斂させて論じることはできない。宗教が紛争と関わっているということとそれが紛争の原因かどうかということは区別されねばならない。

　北アイルランド紛争はどこまで宗教が関係しているか、という問いに対して、北アイルランドについてのオプサル・リポートは、「教会の弁護者たちは絶えず北アイルランド問題は、宗教は関係ない、領土、力関係と国のアイデンティティーが問題として捉えられると主張してきた」と述べている[21]が、宗教は関係ないと言い切れるであろうか。「カトリック」、「プロテスタント」という用語は単に民族を区別する用語以上のものである。17世紀にイングランド人とスコットランド人の入植者が大挙してアイルランドの北の地方にやって来たが、この移住が行われたのがイングランドとスコットランドで宗教改革が起

こった後だったので、教派が同じであれば起こったはずの旧住民との漸進的な同化が教派の違いにより妨げられた。最良の土地と力が何世紀にもわたって伝統的な宗教による区分の一方の集団にあり、土地と力の両方の欠如が、もう一方の集団によって経験されてきたからには、紛争において宗教が絡んでくることは避けられない。宗教は北アイルランド住民を2つのコミュニティーに区別する基礎になり、それによってそれぞれのコミュニティーは互いのことに無知であり偏見を抱くに至っている。

　ダンカン・モロー他は、北アイルランド社会における教会の位置について詳しい研究をしているが、教会は、北アイルランドの人びとの経験を理解するために不可欠のものであると主張している。教会は、北アイルランドにおける最も古い土着の社会制度であり、人びとの価値観が受け継がれ、友人がつくられ、コミュニティーが経験され、人生の節目となる出来事が分かち合われる場所である。人びとのアイデンティティーは、今でも教派によって最もはっきりと形成されている。友情、結婚、住居と学校は、確固として教派と関係づけられている。主としてプロテスタント住民であるが、教会や、信条ともはや積極的な関係をもたない人びとにとってさえ、教会は、生活に浸透し重要性をもっている。教会の現実と、教会の外の、経済、社会、政治、あるいは家庭や、コミュニティーにおける経験とを切り離すことはできない。教会の経験と、これらの経験は有機的なもので、ひとつの部分に還元できない。結局、教会は、「私たち」に属するか、「彼ら／彼女ら」に属するか、といったアイデンティティーにとって不可欠のものであり、北アイルランドの生活ほとんどを支配し続ける区分なのである。[22]

　このように教会と人びとの生活は密接に関係し合っているので、紛争の原因は宗教以外のところにあっても、2つの集団を区別するのが教派の違いであれば、教会のあり方がネガティヴにもポジティヴにも紛争に影響を与えるわけである。

　ネガティヴな側面としては、英国による植民地支配の歴史においてカトリック教会が英国化の強要に反対して、解放闘争をアイルランドの地方の果てにまで遂行する権威をもった唯一の制度となり、カトリックの信仰がアイリッ

シュ・ナショナリズムの政治目的と関係づけられ、プロテスタント住民に対して排他的な「アイルランド」や「アイルランド人であること」の理解を生んでしまったことがひとつあげられる。さらに、警察や英国軍の嫌がらせ、差別の申し立てや失業と取り組む施設においてカトリック教会が仲裁するのは普通のことであったが、一方のコミュニティーの側に立てば、従軍司祭のようになってしまい、もう一方の側の人びとを抱擁することが困難になったことがあげられる。

　一方、教会が和平プロセスにおいて果たしてきたポジティヴな貢献をまとめると次のようになる。①アレク・リード神父（Alec Reid）、ジェリー・レノルズ（Gerry Reynolds）神父の暫定派 IRA との対話、ロイ・マギー（Roy Magee）牧師、ロビン・イームス（Robin Eames）大主教とプロテスタント武装組織との対話、②コリミーラ・コミュニティー（The Corrymeela Community）やコーナーストーン・コミュニティー（Cornerstone Community）など、カトリック住民とプロテスタント住民との橋渡しのための数々のコミュニティーの創設、③[23]教区の教会組織の制約から自由になって社会の不正に苦しんできた労働者階級の人びとの間で生活し、彼ら／彼女らの二級市民としての苦しみを共有し、彼ら／彼女らのニーズに応える、④和解のための赦しの力をもたらす。

　和解とは、関係を断ち切ってしまって、不和状態にあって、お互いもはや話し合うこともしない個人や集団間の仲たがいの終結、シャローム、コミュニケーションと交わりの回復を意味する。

　和解のために必要なのは「赦し」であるが、北アイルランドにおける和解の体験のよく語られる例は、プロテスタントのゴードン・ウイルソン（Gordon Wilson）についてである。娘のマリーは1987年11月 8 日にエニスキレンの爆破で暫定派 IRA によって殺されたが、病院で娘が息を引き取った晩、BBC のインタビューに応えて、ウイルソンは、静かな苦悩の面持ちで、娘との最後の会話を次のように描写した。

　マリーは私の手を硬く握り、私をできる限り硬くつかんで、「お父さん、愛しているよ」と言いました。それが、娘の私に対する最後のことばでした。

ウイルソンは続けて次のように言いました。

> 私は悪意も恨みも抱きません。罵ったところで娘の命が戻ってくるわけではありません。どうか、どうして、とは聞かないでほしい。目的などありませんし、答えもありません。ただ分かっていることは、計画があるはずだということです。そのように考えなければ、自殺してしまいます。より大きな計画の一部なのです。神は善いお方だからです。私たちは、いずれ再会します。

プロテスタントの武装集団は、エニスキレンの爆破の数時間後に報復を計画していたけれども、この放送を見て取りやめたと後で認めている[24]。

6　平和構築に必要な重要な要素

　最後に平和構築のためにどのような要素が重要であったかをまとめてみたい。

　カトリック住民は、不正な選挙制度、就職における差別、劣悪な住宅状態などさまざまな程度での差別を被ってきた。完全に差別がなくなったわけではないが、紛争勃発の原因であったこうした構造的暴力が英国政府によって是正され、民主政治が機能し、社会が公正になってきたからこそ、直接的暴力も収まり、紛争終結に向かって進展してきたのである。

　そうしたプロセスにおいてカトリック教会の司祭、プロテスタント教会の牧師、大主教、ダブリンの労働組合員が第三者として果たした役割は大きい。最も重要で困難な仕事は、暫定派 IRA による暴力を止めさせ、彼ら／彼女らを民主主義のプロセスに入るよう導き、さらに穏健なナショナリスト政党である社会民主労働党（SDLP）との橋渡しをし、両政府に彼ら／彼女らが真摯に平和を求めていると説得し、合意を形成することであった。そのために上記の 2人の司祭が大きな貢献をしたが、彼ら／彼女らにとって鍵となる要因は、「対話と関係作り」であった。彼ら／彼女らは IRA の兵士たちを同じ人間として受け入れ、関係づくりをした。彼ら／彼女らを簡単に裁くことなく、なぜ暴力手段に訴えなければならなかったのかと彼ら／彼女らの心理を深く究明したのであった。それが、1993年12月の両政府首相による共同宣言、1994年 8月の暫

定派 IRA の停戦として実を結んだのであった。同様のことが、プロテスタント教会の牧師、英国国教会の大主教、ダブリンの労働組合員と、プロテスタントの武装組織とのあいだでもなされたのであった[25]。

　アレク・リード神父のアプローチの鍵となる要素は、現場の暴力と直接接することであった。1970年代の初め、カトリックの地域では、暴動は毎日のように起こっていた。安全地帯から起こっていることを判断するのではなく、アレク神父は、暴動を起こしている人びとのところへ行って、なぜそうしているかを理解しようとするのを常とした。アレク神父は、次のように叙述している。赴任したベルファストの教会の近くの通りで少年たちが瓶、煉瓦や石を投げて警察と暴動を起こしているのを目撃したが、その少年たちは自分の教会で侍者を務めていた少年たちであった。その少年たちが分別のある子たちであることを知っていたアレク神父は、彼らのしていることを非難し、暴力を止めろと言ったりはせず、どうして暴動に走っているのかと聞くことから始めた。すると１人の少年は、警察が大勢で夜中に家に侵入してきて怒っているのだと告げた。こうした経験は、彼に注意して即座に暴動を非難せず、背景にある原因をみつけるよう努力することの重要性を教えた[26]。

　アレク神父はこうした態度を暫定派 IRA のメンバーに対しても応用し、彼らと一人ひとりの人間としてかかわっていった。そして彼らが暴力手段ではなく民主政治を通して目的を実現するよう導いていったのであった。彼は次のように述べている。「仕えるキリスト者は紛争の真っただ中に立って、個人的な経験の知識でもって理解するようになるまで生身の現実にある紛争と出会わなければならない。これが紛争を生じさせている善悪の道徳的次元をつきとめる唯一の知識である」。メイズ刑務所の IRA 服役囚への奉仕の仕事の結果、彼はIRA のあらゆるレヴェルの活動家、リーダーたちと独自の形で知り合うことになった。そのプロセスの初めから存在し、その後きわめて重要になったのが、後にシン・フェイン党の党首となったジェリー・アダムズとの関係であった。ゆっくりとアダムズを彼の考えに同調するよう導いてゆき、アレク神父は、アダムズと SDLP のリーダーである、平和的ナショナリズムの頭であるジョン・ヒュームとの間の、最初は書面での、後には差し向かいでの個人的な

やり取りの接点となった。ヒュームとアダムズとの会合は、それと同時に進行した英国の保安機関とマルティン・マクギネスとの間の秘密の対話とともに、究極的には1993年の住民自決と同意を中心とした基本原理に基づくダウニング・ストリート共同宣言の基礎となり、翌年のIRAとロイヤリスト武装組織の停戦への道を創ることになった。[27]

　もうひとつ重要な要素は、先ほども述べた、傷つけ合った両者の和解であるが、それに加えて重要な要素は紛争の転換（transcend）である。Transcendはトランセンド法、超越法と訳されることもあるが、これは、ガルトゥングが提唱してきたもので、対立する両者が「勝つ・負ける」というこれまでの枠組みを切り替え、双方の対立の妥協点を調整するだけではなく、対立や矛盾を超越して創造的な解決法を探し出すものである。一方が善で、他方が悪であるという二元論を超える必要があるが、そのためには、時間をかけて相手の経験・見解に耳を傾け、理解しようとする態度が不可欠であり、そうして初めて知覚の変容が可能になるのである。そのために第三者の役割も重要になってくる。[28]

　和解のプロジェクトとして1965年に創設されたコリミーラ[29]という共同体があるが、このコリミーラの活動のひとつとして暫定派IRAに息子や夫を殺された女性たちと、プロテスタントの武装組織によって息子や夫を殺された女性たちが一堂に会し、女性たちは悲しみを分かち合い、内戦や復讐が何ももたらさないことを確認したのであった。アメリカの上院議員ジョージ・ミッチェルが聖金曜日協定に至る円卓会議の議長を務め、重要な役割を果たしたが、彼も同様のことを行ったのである。見解・経験の異なる双方のリーダーに、それぞれの立場を主張させるのではなく、個人的に出会えるような場を設けた。ミッチェルは、2人を夕食に招き、政治や、紛争で受けた傷について話すのではなく、家庭や趣味について話すよう促し、自らのレッテル、他者につけたレッテルから離れて、人として一対一で心から向き合えるようにしたのであった。[30]

　北アイルランドにおいては、カトリック住民のほとんどが、英国からの分離独立を求め、プロテスタント住民のほとんどが、英国との連合の維持を求め、両者とも自らを被害者、他方を加害者とみなし、各政党間、一般市民の間には相違する見解・経験があるが[31]、1998年に奇跡的ともいえる聖金曜日協定が達成

され、紛争の転換がある程度まで実現したといえる。その協定によれば、北アイルランドは英国の一部として留まり、それにそれまで強く反対してきたシン・フェイン党も合意したのであった。北アイルランドとアイルランド共和国との国境はそのまま残っているが、望むならばアイルランド人と英国人両方の国籍が取得できるという合意になり、カトリック住民ほとんどのアイルランド人でありたいという望み、プロテスタント住民ほとんどの英国人でありたいという望みの両方が認められるようになったわけである。

その後、1998年にも協定に反対したイアン・ペイズリーの政党とシン・フェイン党という、一度も面と向かって会談したことのない強硬派が選挙で第一党、第二党になり、和平プロセスは停滞したが、暫定派 IRA の武装解除、シン・フェイン党の警察承認と、争いのない空間を経験し、豊かさを実感しつつある北アイルランド一般市民の、昔の状態には戻りたくないという切望とが相まって、ついには対立を乗り越えたのであった。

さらに以上のことをコンフリクト・マネジメントの理論から整理して述べるならば、政治のレヴェルでの活動と草の根レヴェルでの市民の活動が協働して和平プロセスを前進させたということである。現在のコンフリクト・マネジメントの理論は、大きく2つの極に分けられると考えられる。政治の整備、統治の構造など客観的な要素に関するアプローチのものと自分と他者についての知覚、紛争状態にあるグループ間の関係という主観的な要素についてのアプローチを扱うものである。前者のアプローチは、交渉と取引を通して紛争当事者によって達せられる同意に基づく結果を規定する。この考えによれば、解決は、妥協、あるいは両方の側からの譲歩を含む、紛争に関する問題についての同意を意味する。もし、政治が、可能なことを実現する術であるならば、このアプローチは、実現可能なことを可能にする術である。このアプローチにおける働き手は、英国政府、アイルランド政府、各政党であった。

後者のアプローチは、2つの集団間の紛争と関係を再定義し、それによる相互的な問題解決を重視し、協同の分析と協力のプロセスに従事する。このことが可能であるためには、争いについて底深く探求することができなければならない。この理論は、すべての人間は、同じ人間のニーズ、基本的人権、アイデ

ンティティーというニーズを共有すると考える。ひとつの集団は、彼ら／彼女らのニーズを満たす手段のために他のアイデンティティーの集団と競争関係にある。しかし一方、人間のニーズは、紛争を解決する基礎でもある。同じく共有するニーズは、紛争当事者を越える共通の要素であり、互いに同じニーズを求めていることを理解することによって、関係を、ニーズを共に協力して満たしていく関係へと変容することができるのである。紛争の根は、しばしば、紛争当事者の主観的な関係にあり、紛争の変容は、紛争当事者の紛争についての知覚と、互いに対する知覚の変容によってのみ可能になる。感じ方や、知覚が分かち合われ、認められなければならず、相互の信頼と理解が発達しなければならない。ガルトゥングの紛争の転換が意図したのもこのことである。このアプローチは、アレク神父やコリミーラのような数多くのコミュニティー、ジョージ・ミッチェル上院議員などから多くの具体例を引くことができる。

　1995年にノーベル文学賞を受賞した、北アイルランド出身のシーマス・ヒーニーが、「歴史は、『墓場のこちら側では、希望を持つな』と告げる。しかし、その時生涯にただ一度、長く待たれていた正義の圧倒的な高潮が起こって、歴史と希望が韻を踏む。だから復讐の向こう側に大きな変貌を希望せよ。奇跡を信ぜよ」と謳っているが、北アイルランドは、確かにこの大きな変貌を経験した。この変貌は、政治家だけでなく、政治家と一般市民が共に働いた結果もたらされたものである。アメリカの前大統領ビル・クリントンは、1998年アイルランド訪問の際に、「引き続き平和のために働いてください。なぜなら、この平和のプロセスを私たちが成就することができるならば、世界の他の地域で人々が、宗教、人種、民族、部族の違いによって争い、希望を捨てている時に、私はその時、『いいえ、いいえ、アイルランドを見なさい』と言うことができるからです」と述べているが、世界各地の紛争地域にある人びとにとって、北アイルランドが真に平和構築のモデルとなることを願ってやまない。

1)　塩尻和子『イスラームを学ぶ』（NHK出版、2015年）10頁。
2)　新しい憲法的な解決のための青写真を立案している。北アイルランドの憲法的地位、南北、東西を結ぶ機関、人権・和解と暴力の犠牲者、機会の均等（経済的、社会的、文化的）、武装解除、警察の改革、政治犯の釈放などの条項を含む。

3) アイルランド共和軍（IRA）は、英国からのアイルランド分離独立を目標にあげ、アメリカや英国のアイルランド系移民との密接な連絡によって、武器、資金、職業軍人の援助を受けて、武力闘争による独立をめざしてきたが、1970年に平和的手段か武力闘争かという路線をめぐって組織の内部に意見対立が起こり、武力闘争を展開するグループは、暫定派として分裂した。IRA といえば通常この暫定派を指す。

4) 北アイルランドでは失業率が依然として高く、過激主義に陥る若者は増加し、過去の記憶は重く和解には時間がかかり、英国の EU 離脱による治安情勢の悪化の不安があるとはいえ、自治政府は2020年1月11日、3年ぶりに復活しており、紛争に逆戻りすることはないであろう。

5) UDA、UVF、LVF などいくつかの組織が存在する。

6) John D. Brewer, "Northern Ireland: Peacemaking among Protestants and Catholics' in Mary Ann Cejka and Thomas Bamat, eds., *Artisans of Peace: Grassroots Peacemaking among Christian Communities*, Orbis Books, 2003, pp. 68-72. Sean Duffy, *Atlas of Irish History*, Gill & Macmillan, 2012.

7) 映画『マイケル・コリンズ（Michael Collins)』ニール・ジョーダン監督、1996年、『麦の穂をゆらす風（The Wind that Shakes the Barley)』ケン・ローチ監督、2006年。

8) Oliver P. Rafferty, *Catholicism in Ulster 1603-1983*, London: Hurst & Company, 1994, p. 234.

9) Central Statistics Office Ireland _ Statistics: Population classified by religion and nationality 2006（http://www.cso.ie/statistics/popnclassbyreligionandnationality2006. htm）.

10) CAIN Web Service: Background Information on Northern Ireland Society : Population and Vital Statistics (http://cain.ulst.ac.uk/ ni/ popul.htm). 2011年の国勢調査によれば、カトリック41％、プロテスタント42％であり、0〜35歳では、カトリック51％、プロテスタント40％である。

11) 以下の本には紛争で命を落とした一人ひとりの詳しいプロファイルが綴られている。David McKittrick and others, *Lost Lives*, Mainstream Publishing, 2001.

12) シン・フェイン党は、IRA の政治組織とされ、主として労働者階級から支持を集め、強硬な共和主義をあげ、一貫してアイルランドの南北統一を主張してきた。ジェリー・アダムズが1983年から党首を務めたが、2018年退任した。

13) John Whyte, *Interpreting Northern Ireland*, Clarendon Press, 1990.

14) Jonathan Bardon, *A History of Ulster*, The Blackstaff Press, 2001. S・マコール『アイルランド史入門』（小野修編、大渕敦子・山奥景子訳）（明石書店、1996年）、波多野祐造『物語アイルランドの歴史』（中公新書、1999年）、鈴木良平『IRA アイルランド共和国軍〔第四版増補〕』（彩流社、1999年）、鈴木良平『アイルランド問題とは何か』（丸善ライブラリー、2000年）、ポール・アーサー／キース・ジェフリー（門倉俊雄訳）『北アイルランド現代史—紛争から平和へ』（彩流社、2004年）、松井清『北アイルランドのプロテスタント』（彩流社、2008年）、南野泰義『北アイルランド政治論』（有信堂、

2017年）。

15)　カトリック住民のほとんどは、英国からの分離独立・共和国建設をめざし、民族主義者という意味でナショナリスト、また王党派でなく共和主義者であることからリパブリカンと称されている。プロテスタント住民のほとんどは、英国との連合（ユニオン）の継続・維持を求めるので、ユニオニスト、また、英国王に対して忠誠を誓う人びとであるので、ロイヤリストと呼ばれている。政治のプロセスにおいては「カトリック」、「プロテスタント」よりこの用語が使われることが多い。

16)　Martin McKeever C.Ss.R., *One Man, One God The Peace Ministry of Fr.Alec Reid C.Ss.R.*, Redemptorist Communications, 2017. Eamonn Mallie & David McKittrick, *The Fight for Peace*, Mandarin, 1997. Tim Pat Coogan, *The Troubles*, Arrow Books, 1996. Peter Taylor, *Provos: The IRA and Sinn Fein*, Bloomsbury, 1997. David McKittrick & David McVea, *Making Sense of the Troubles*, The Blackstaff Press, 2000. Fr. Alec Reid-Would you Believe-The Secret Peacemaker RTE, 2013/11/22, 14 Days of Terror-March 1988 BBC documentary-YouTube.

17)　Bill Clinton, *My Life volume II The Presidential Years*, Vintage Books, 2005, pp. 147-152.

18)　George J. Mitchell, *Making Peace*, William Heinemann, 1999.

19)　詳しくは以下を参照。Hideyuki Koyama, *Ethnic Conflict and Religion: A Study of the Church in Northern Ireland*, Horitsubunnka-sha, 2005.

20)　Douglas Johnston & Cynthia Sampson, eds., *Religion, The Missing Dimension of Statecraft*, Oxford University Press, 1994, p. 269.

21)　Andy Pollak, ed., *A Citizens' Inquiry : The Opsahl Report on Northern Ireland*, The Lilliput Press Ltd., 1993. は北アイルランドのコンテキストでの政治的、経済的、文化的な問題について幅広く論じている。

22)　Duncan Morrow, Derek Birrell, John Greer and Terry O'Keeffe, *The Churches and Inter-Community Relationships, Coleraine : Centre for the Study of Conflict*, University of Ulster, 1994.

23)　草の根レベルでのさまざまな活動については以下の論文に分類されている。John D. Brewer, "Northern Ireland: Peacemaking among Protestants and Catholics" in Mary Ann Cejka and Thomas Bamat, eds., *Artisans of Peace: Grassroots Peacemaking among Christian Communities*, Orbis Books, 2003, pp. 72-95. 以下の本には、橋渡しのために貴重な役割を果たしてきた133の団体が記載されているが、多くは教会を母体として創設されたものである。*Dealing with Difference: A Directory of Peace, Reconciliation and Community Relations Projects in Northern Ireland*, 2nd edition, Community Relations Council, 1998.

24)　Bardon, op. cit., pp. 775-777.

25)　Peter Taylor, *Loyalists*, Bloomsbury, 1999.

26)　McKeever, *op. cit.*, pp.21-22.

27) Ibid., pp.63-64.

28) ヨハン・ガルトゥング、伊藤武彦編集（奥本京子訳）『平和的手段による紛争の転換［超越法］』（平和文化、1998年）、ヨハン・ガルトゥング、藤田明史編著『ガルトゥング平和学入門』（法律文化社、2003年）、井上孝代『あの人と和解する—仲直りの心理学』（集英社新書、2005年）。

29) Ray Davey, *A Channel of Peace The Story of the Corrymeela Community*, Marshall Pickering, 1993. John Morrow, *Journey of Hope*, The Corrymeela Press, 1995.

30) ジャン・ヴァニエ（原田葉子訳）『暴力とゆるし』（女子パウロ会、2005年）。

31) 以下の本は北アイルランドで生活し、さまざまな経験・見解を有する人びとに対するインタヴューを集めていて興味深い。Tony Parker, *May the Lord in His Mercy be Kind to Belfast*, HarperCollins Publishers, 1993.

32) David Bloomfield, *Peacemaking Strategies in Northern Ireland : Building Complementarity in Conflict Management Theory*, Macmillan Press Ltd., 1998.

33) Seamus Heaney, *Opened Ground : Poems 1966-1996*, Faber and Faber, 1998, pp. 330-331.

第13章

エクスポージャーと市民連帯
——平和学の方法と実践

平井　朗

1　はじめに

　すでに私たちは人間と人間の関係性の上に成り立っている開発主義の暴力を学んできた。私たちの世界では国家や企業の経済的利益や開発に都合のよい人間の移動だけが促進され、地域や階層を越えた移動は制限・分断される分節＝接合（アーティキュレーション）が進んでいる。開発のしわ寄せ（苦）を受ける人びとは異なる立場の人びとからみえなくされ、暴力を克服する連帯を妨げられている。

　たとえば、3.11から9年が過ぎても避難を続けなければならず、ふるさと、環境、生業、日常生活を奪われ、人間関係を分断された原発被害者が受ける不条理な苦痛に対して、また沖縄の人びとが70年以上直面してきた米軍基地の直接的／構造的暴力に対して、離れた地に住む私たちは自らの関与を見出すことができるのか。気の毒とは思うが、自分とは関係のないこととしかみえないのではないか。本章では、その分断をコミュニケーションの不全に起因するものととらえ、その分断にどう立ち向かうのかを考える。

　環境破壊や克服すべき格差拡大のような、開発主義によってもたらされたさまざまな暴力を平和学の課題として考えるとき、エクスポージャー（exposure）の手法が重要になる。「さらす」「露出する」などを意味する動詞 expose から派生したエクスポージャーは、自らの身も心も、分節化された「別の地」の状

165

況の中にさらす、現場の当事者たちの中に自らをさらすことを通して、自ら経験し、当事者から学び、暴力の克服へつなげていく、平和学の方法である。

2　平和学の視点

①目的：暴力の克服
②方法：意識的非暴力
③関係：自己と当事者との関係性——被害者の視点から問い直す
①②③のすべてにおいて意識的に、一貫して平和の実現をめざす

エクスポージャーの基となる平和学の視点とは、暴力の克服をその中心目的（①目的）とする視点であり、現実の中のどこに暴力があるのか、被害者・加害者は誰か、誰がどう克服しようとしているのか、といったことを意識的に被害者の視点に立ってみてゆくことを意味している。暴力の被害者の立場に立つということは、平和を実現するのに暴力的手段を決して用いることなく、その手段として意識的に非暴力的方法（②方法）を用いるということも意味する。

そして何よりも自己と当事者との関係性（③関係）とそこに存在する構造的暴力が重要であり、そこでは被害者の視点、つまり平和学の視点が必須なのである。現実の開発や開発コミュニケーションは、ほとんどの場合、開発する側とされる側が国家と民衆のように非対称で大きな力の格差のある主体間の相互行為である。その関係性の中に存在する暴力の実態とそれに対する回避や抵抗の現実は、第三者的な視点からは決してみることはできず、意識的に被害者の視点をとり続けることによってしかみえてこない。開発に伴う暴力の典型である「公害には第三者はいない[1]」と宇井純はいう。「国民全体が潜在的な当事者（被害者か加害者）である[2]」だけでなく、「第三者を名乗るものは必ずといってよいほど加害者の代弁をしてきた[3]」。中立などないのだから「『被害』から出発するしかない[4]」のだと。

エクスポージャーでは、自らを状況の中にさらすことを通して、自分と当事者の双方が「ともに主体として教え合い、学び合い……双方向的な関係が成立する[5]」とともに、当事者に対する自分自身の立ち位置がどこにあるのか（自他

の関係性に存在する、つまり自己も組み込まれ加担している構造的暴力はどうなのか、自分はその暴力にどう関わっているのか）も被害者の視点から問い続けなければならない。そして見出した暴力を克服するよう意識的に努力すること。平和学の視点に立つとは前記の（①目的）（②方法）（③関係）のすべてにおいて意識的に、一貫して平和の実現をめざすというきわめて困難な道である。

　しかし宇井が述べたように、私たちは客観的な第三者でいることはできないのだ。

3　エクスポージャーとは何か？

(1)　当事者、そして私たち

(i)　市民連帯─自力更生努力の一部を共同で担う

　たとえばフィリピンで多くのエクスポージャーを受け入れてきたフィリピン独立教会系の団体のひとつ、MADBLAC のエクスポージャーの手引き[6]によればエクスポージャーは(a)状況に接する、(b)構造的に把握する、(c)行動する段階を進むものとされ、「エクスポージャーに参加する中ですでに自分たち自身の変革が始まっている。それは状況の変革の端緒である。構造的暴力をその被害者の側から体験し、暴力の構造を把握することを通じて行動に導かれるならば、構造手的暴力克服の営為、つまり自力更生の努力の一部を共同で担い始めたことになる」という。立場を異にする人びとによる市民連帯である。

(ii)　エンパワメント──構造的暴力の内面化を突破する

　エクスポージャーのもうひとつの重要な要素はエンパワメントである。エンパワメント・センターを主宰し、人権問題のワークショップを実践する森田ゆりによれば、「エンパワメントとは『力をつけること』ではない。……それは人と人との関係のありかjust。人と人との生き生きした出会いの持ち方[7]」であり、「エンパワメントとは、私たち一人ひとりが誰でも潜在的にもっているパワーや個性をふたたび生き生きと息吹かせる」ようにお互いに働きかける関係性であるという。各自の内にある力には肯定的パワーと否定的パワーがあるが、この否定的パワー、「女のくせに」といった外的抑圧にさらされている内

に、当事者自身がその外的抑圧の嘘を信じ込まされ「私は女だから、そんなことができなくても当たり前だ」と自らの内なる力を自分で抑え込むようになってしまう。そのような内的抑圧を、戸田三三冬は「構造的暴力の内面化」という概念で説明した。[8]この自己概念の、内的抑圧の内向きベクトルを逆転し外に向けることがエンパワメントなのだ。

　内的抑圧を取りのぞくことは構造的暴力の内面化を突破することである。自分は所詮こんなもんだと自ら自分の可能性を限定している自己概念からの解放であり、「何者かになろうと懸命に励んで、知識や技術という服を幾重にも着こんでいくのではなく、逆に着膨れしている服を一枚一枚脱いでいき、自分の生命力の源に触れること[9]」である。つまりエクスポージャーによるエンパワメントによって内面化していた構造的暴力に気づき、自分と他者の関係性に潜む暴力に気づき、それらを克服しようとするのである。

(iii) エクスポージャーする意味

　一般的にエクスポージャーは参加者がその日常生活の環境を一時離れて、自分の日常とは異なる環境で expose することが多いのだが、それはなぜなのだろうか。

　戸田の授業でエクスポージャーを学んだ学生の一人は「エンパワメントの発見の為には、エクスポージャーの存在が必要不可欠である[10]」と述べた。なぜなら構造的暴力という社会の仕組みの中では、暴力の存在はおろか、被害者が自らを被害者と認識することすら難しい。したがってエンパワメントの発見ができなくなっているために、慣れ親しんだ環境を一時的に離れて異文化の中で互いに自分をさらけ出す、エクスポージャー的精神が必要になってくるのである。つまりはエクスポージャーにおいては、構造的暴力をその被害者の側から体験することで、連帯関係を拡大、深化させ、自らが変革のための行動を始めることが望まれている。

(2) 「はさみうち」へ

　エクスポージャーでは、開発による暴力の被害者の抑圧状況と、彼らの自力更生の営為を知り、理解するだけではない。被害者の苦の上に私たちの日常生

図13-1　エクスポージャーによる「はさみうち」

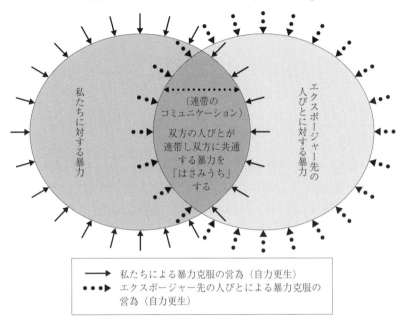

私たちに対する暴力

（連帯の
コミュニケーション）
双方の人びとが
連帯し双方に共通
する暴力を
「はさみうち」
する

エクスポージャー先の
人びとに対する暴力

　　　　→　私たちによる暴力克服の営為（自力更生）
●●●▶　エクスポージャー先の人びとによる暴力克服の
　　　　　営為（自力更生）

出所：筆者作成

活が成り立っている関係性を意識化する。さらにその構造を作り出しているも
の（「開発主義」など）は、その地の人びとのみならず、私たちをも抑圧してい
る（自分たちも被害者である）ことに気づく。暴力の存在と構造を意識化するこ
とから、自分たちがその状況を座視し暴力の構造を支えてきてしまった傍観者
的態度を変え、自ら暴力を克服する自力更生に立ち上がって状況を変革してゆ
くのである。

　現場の人びとがさらされている暴力の構造は私たちが支えていると共に、私
たち自身への暴力をも作り出している。したがってエクスポージャーはその目
の前の被害者を助けてあげることではなく、私たちが私たち自身の日常生活の
中で開発主義の暴力を克服する自力更生を始めること。つまりそのような現場
の人びと・エクスポージャー参加者双方の意識化によって、当事者と自分たち

とを共通して取り巻いている暴力を、当事者の自力更生と自分たちの自力更生の営為で連帯して「はさみうち[11)]」することの第一歩なのである。

4　連帯を作り出すコミュニケーションとは
——コミュニケーションが含む2つの相反するベクトル[12)]

　コミュニケーションは個と共同体において精神・知・思想を伝え、継承する相互行為であり、また共同体と社会制度の形成と維持にかかる相互行為でもあるという点で、内的自然としての身体や自然環境の中での代謝や社会的代謝に相当し、人類を存続させるサブシステンス＝生存基盤の一要素である。物質エネルギー代謝が損なわれることで健康に支障をきたしたり、社会的代謝に問題が起こることが公害を生じさせたりするのと同様に、コミュニケーションのあり方によって、人間の社会的関係に問題が生じる。コミュニケーションはサブシステンスの一要素ではあるが、実はそのコミュニケーションにはサブシステンスを守り回復するベクトルのコミュニケーションと、逆にサブシステンスを壊してしまうベクトルのコミュニケーションが同時に存在する。

　この相反する2つの方向性をもったベクトルを、ユルゲン・ハーバーマス（Jürgen Habermas）は「コミュニケーション的行為と戦略的行為[13)]」、パウロ・フレイレ（Paulo Freire）は「コミュニカシオンとエクステンシオン[14)]」と呼び、筆者は「脱開発コミュニケーションと開発コミュニケーション」と定義している。これは「サブシステンス志向で暴力を克服するコミュニケーション（平和コミュニケーション）とパックス・エコノミカ＝経済平和志向で暴力を増やしてしまうコミュニケーション（暴力コミュニケーション）」というふうに呼ぶこともできる。

　巨大な構造を背景とした開発主義の暴力に対しては、ある共同体の中で形成された自力更生主体だけで対抗するには力が足らず、暴力の被害者と外部との連帯を意識化して作り出すコミュニケーションが必要となる。

　エクスポージャーでは、開発という暴力の被害者の抑圧状況と、彼らの闘いの営為を知り、理解するだけではなく、「開発主義」のようにその構造を作り

図13-2　コミュニケーション（行為）の類型

一般的理解	コミュニケーション	
ハーバーマスの理解	戦略的行為 －成果志向的 －目的合理性 システム（圧迫） －国家行政＋資本制経済	コミュニケーション的行為 －了解志向的 －コミュニケーション的合理性 生活世界（基盤、再生産） －私的領域＋公共圏
フレイレの理解	エクステンシオン －普及（垂直） －支配 銀行型教育	コミュニカシオン －伝え合い（水平） －解放 課題提起型教育
筆者の理解	開発コミュニケーション －開発の受容 －普及 －外部（専門家）の働きかけ －階層的、単一 －暴力コミュニケーション パックス・エコノミカ	脱開発コミュニケーション －脱開発の意識化 －対話（エクスポージャー） －自力更生（主体の形成） －地域性、多様性 －平和コミュニケーション サブシステンス志向

出所：筆者作成

出しているものは、その地の人びとのみならず、そこでエクスポージャーする自分たち自身をも抑圧していること（関係性の中の暴力）に気づく。またその状況を座視することによって暴力の構造を支えてきた自らが自身を変え、その状況を変革してゆく。そのような「意識化」の過程によって、その暴力を「当事者」と「自分たち」とで「はさみうち」する連帯の第一歩である。

　脱開発コミュニケーションの要素のひとつは、このように脱開発主義を意識化して行っていく連帯の行為としてのコミュニケーションである。つまり「訪問先の人びとも自分たちも含めた全ての人びとが、構造的暴力を克服するために、自分自身の手段を用い、その生き方をかけて問題に関わる方法を見出す[15]」

助力となりうるのだ。

　このように、脱開発コミュニケーションはコミュニケーションの過程の暴力をとり除き、さらに関係性の中の暴力をも克服しようとする、二重の意味で暴力から脱却するコミュニケーションである。

5　エクスポージャーの5段階

　平和学の視点をもつとは、私たちが暴力をこうむっている被害者の視点に立つことである。環境破壊や貧富の格差の拡大を問題ととらえるなら、開発によるしわ寄せを受けている被害者から直接学ぶことが平和学する出発点となる。そのために使えるエクスポージャーの5段階の枠組みを、横山正樹の論文「平和学としての環境問題[16]」から紹介する。

(1)　暴　　力
　最初のステップは暴力とその被害者の発見から始まる。加害者の存在する直接的暴力とそれが不在の構造的暴力という暴力類型に分け、どんな要素が作用しているのか、現場の把握を試みる。直接的暴力と構造的暴力では克服方法が異なるからだ。

(2)　自力更生
　次は暴力克服に立ち上がる被害者たちの自力更生努力に着目することだ。暴力を受けたとき、人びとはまず被害の回避や限定化を図る。直撃を免れずに苦痛に打ちひしがれる場合もあるが、必ずやその暴力へ対応すべく立ち上がる。どんな自力更生方法が選択され実践されているか、その実状をここで明らかにすべく試みる。

(3)　阻害要因
　三番目は自力更生を阻害する要因の解明となる。自力更生がすぐ功を奏して問題解決となればよい。だが内外の阻害要因により通常なかなか事態は好転し

ない。たとえばフィリピンのネグロス島では、砂糖価格の低落期に限界耕作地は放棄されるが、作付け減少で仕事を失い食えなくなった農業労働者たちがやむなくそこを自主耕作すると、そのリーダーを地主側の暴力団が暗殺したり、彼らの仮住まいに火を放って妨害する。

　一方、被害者が構造的暴力を内面化し、自分が被害を受けていることを認識できていない場合もあるので、自力更生が進まない原因を踏み込んで調べる必要がある。

⑷　連　　帯

　第4のステップとして着目すべきが、暴力を受けた当事者と立場の違う外部者たちとの連帯・連携だ。水俣病が被害漁民や患者たちの努力では打開できなかった時期を経て、外からの支援や世論の後押しで政治問題化し、不十分ながらもやっと対策が始まったことはよく知られる。先のサトウキビ労働者たちの場合も、人権派弁護士や諸NGO・教会組織等の協力を得て人権侵害に歯止めをかけ、救援に着手されたケースがある。国内外のNGOや大学、ときには行政等の外部からの介入により現場の力関係が変化し、地域・全国・国際レベルの対応がそれなりの効果をもたらすことも多い。

⑸　関　　与

　最後に問われるのが、自分自身との関係理解と問題への関与だ。これまでの4ステップは、問題への接近を試みる本人がいったい何者かを問わなくても可能だ。だが掘り下げるに従い誰もが実は問題の一部であり、他人事は許されないとわかってくる。たとえば水俣病問題が自分と無関係にみえたとしても、誰もがチッソの製品を無意識に使ってきたり、チッソに代表される高度経済成長の恩恵と害の両方を被ったりしている。だから解決も自分たちの課題に他ならない。個別の具体的な問題にかかわることを契機に、それぞれの立場を超えた連帯の意識と連携の具体化を模索する必要がみえてくる。

　この5段階がエクスポージャーである。第1段階での暴力の発見から、第2段階での被害者による自力更生努力の発見、そしてそれに続く第3段階、第4

段階も被害者の視点に立つという平和学独自のフレームワークに基づいており、すべての過程を通して平和学することが実践される。

　しかしエクスポージャーが平和学の方法であるといえる真骨頂は、第5段階目の「関与」にある。ここではとらえようとしている問題と自分自身との関係が徹底して問われる。宇井のいったように「第三者はいない」のであるから、客観的視点や中立の視点のように透明な自分による観察、神の位置からの判断は許されない。その暴力、その被害者に自分はどうかかわっているのか、加害者ではないのか、構造的暴力を支えてしまっているのではないのか、個人としての自己の立ち位置を徹底的に明確にせねばならない。暴力を克服し平和に資する、平和学が「平和学する！」といえる所以である。

　この5段階の手法を経て、世界大に広がった分業と交換の体系の中で、立場の違いを超え、私たちは暴力を克服して平和を作り出す協働者（パートナー）となりうる。

6　エクスポージャーの実践事例

　フェリス女学院大学国際交流学部では専門科目「アジア現地実習」が設定され、フィリピン現地実習として毎年2週間実施されていた。アジア現地実習とは、「戦争中の侵略から戦後の経済侵略、さらに労働移動や国際結婚などの人的交流まで、多くの未解決の課題を残しながら深まっている日比両国関係やフィリピン社会の諸側面について、現場に足を運び、当事者から話を聞くエクスポージャー体験[17]」である。横山正樹名誉教授が前任校の四国学院大学から30年以上続けてきた活動である。

　エクスポージャーとは何か。横山の定義によれば、「これまで自分のまとってきた殻をなるたけ脱ぎ捨て、自分が変わり、出会った人びととの関係をそこから洗い直し、自分たちを全体として包み込んでいる構造的暴力を克服していこうとする共同の営為の第一歩[18]」である。参加者が「①状況に接し、②それを構造的に理解し、③行動に移してゆくことを通じた、トータルな教育課程[19]」のなかで、相手とともに考え続け（構造の意識化）、ともに変わり（関係性の意識

化)、ともに行動する（共同的自力更生努力）ことによって、平和の実現へ結び
つけてゆくことが、究極の目標となる。

　2002年度エクスポージャーにおいて筆者は参加する学生たちの活動のビデオ
番組制作を行った。学生らは20週間にわたってさまざまな事前学習を行い、そ
の成果を11月初めの大学祭で展示した他、フィリピン特産品の模擬店・販売を
行い、その売上で、受入機関のひとつであるセント・ヴィンセント・フェレー
ル（SVF）教会の小教区（Parish）キリスト教基礎共同体（BCC）[20]協議会の活動
支援を行うこととしていた。

　11月17日、朝成田を出発するフィリピン航空機でマニラへ向う。成田空港の
搭乗ゲートから周りは「ジャパゆき」や「日本男性と結婚しているフィリピー
ナ」ばかりで、すでに現在の日比関係の有り様がみえる。マニラ（ニノイ・ア
キノ国際空港）でそのままフィリピン航空国内線に乗換え、バコロドに着い
た。フィリピン中部のネグロス島は、サトウキビの島であり、大土地所有制で[21]
知られる。西ネグロス州（Negros Occidental）と東ネグロス州（Negros Oriental）
に分かれ、バコロドはこの西ネグロス州の州都である。

　バコロドでは、BCC本部にて西ネグロス州におけるBCCとそこに集まる人
びとが大地主などの権力者や政府・軍などに抑圧され続けてきた歴史のブリー
フィング。翌朝バコロドから車でラグランハのSVF教会へ向う。道路の周囲
に広がるサトウキビ畑、行き交うサトウキビ満載のトラック。ラグランハの教
会（小教区BCC）で学生らは3日間寝食を共にして通訳と案内をしてくれる教
会スタッフ（BCCコミュニティスクールの若い先生たち）との顔合わせ。ここか
ら、7人はブッコス、ダナオ、マスログ、バイスの4つの村に分かれての2泊
3日のエクスポージャーへ向う。

　学生が向う4つの村のうち、ダナオとマスログはサトウキビ栽培の村、ブッ
コスは国立フィリピン大学の実験農場建設のために農地の半分を奪われた村、
バイスは山村で、1980年代の飢餓の後、日本のNGOの支援によるバナナ栽培
と日本への輸出が一時隆盛で、バナナ村と呼ばれたところ。

　ダナオ村には2人の学生AとBが入り、一般家庭に宿泊して村の生活を体
験しながら、村のさまざまな人びとと話し合った。そこでは、事前に本やビデ

オから得たものとはまったく異なる経験を得たという。

> サトウキビ畑の作業を手伝ったがとてつもない重労働だった。この炎天下の中で、ずっと中腰で手作業すると、少しやっただけでふらふらする。草取りはサトウキビのこどもみたいな苗を間違わないで取らなきゃいけないし、身長よりも高いサトウキビを刈るのは力いっぱい使う。サトウキビを刈ったあとは、畑焼きされるが、そのあとにサトウキビの根を刈る仕事があり、地中深く根をおろしたものを刈るのも大変だ。サトウキビ労働者の人は頭からTシャツをかぶって日をよける。サトウキビ畑は花粉やバクテリアが多くいるから体中がかゆくなった。すべてが手作業だから過酷な労働だけども、機械による収穫でないため収入はよくなく、その生活の厳しさには考えさせられるものがあった。（学生の一人Aの報告より）

これだけの過酷な労働を行って、1日の労賃は大抵の場合50ペソ（当時のレートは一ペソ＝約2.4円なので約120円に相当）。一家族で1日に必要な米代60ペソにも満たない。この村の3分の1の土地は農地改革によって村人のものになった。筆者が滞在した家族も0.5ヘクタールの農地を入手した。しかしそこで食糧生産は行っていない。稲作を試行した村人は、山の違法伐採による土砂流出の影響を受けて失敗した。サトウキビ栽培以外に農業技術もなく、産品の流通経路・市場は今も大地主＝サトウキビ農場主に独占されており、自作の農地では今もサトウキビを耕作しているが、その収入ではまったく生活できず、さまざまな賃仕事と家族の一部のマニラなどへの出稼ぎで生計を維持している。

エクスポージャー参加者たちはホストファミリーに迷惑をかけないように食料を持参し、そこの家族と分け合って食べたが、普段は1日2食の家庭が多数派で1日1食の家もあると聞かされ、このように貧困と呼ばれる構造的暴力の存在と仕組みを体験的に学んだ（第1段階）。人びとは前述のように出稼ぎや、地主の耕作放棄地での食糧自主耕作などで貧困や飢餓に対処しようとした（第2段階）。しかし、地主たちは住民を新人民軍（非合法の共産党軍事組織）であると決めつけ、暴力団や国軍と連携して直接的暴力によって人びとの止むに止まれぬ自力更生を妨害した（第3段階）。生命の危機に瀬した人びとは教会を核としてBCCに団結した。学生AのホストマザーもBCCの地域リーダーである

が、この活動はジャーナリストや弁護士らの支援と連帯を得て人権救済に一定の力を発揮している（第4段階）ことを学んだ。

2泊3日のエクスポージャー終了後には、エヴァリュエーションと呼ばれる活動の報告と評価の会が催される。受入機関やホストファミリーなど現地の人々の前で、参加者が自らの発見を発表し、人びとの意見を受ける。これは、体験から学んだことを分析し、構造的に把握するための最初の一歩、つまり変革へ向けた第一歩であり、コミュニケーションという「（連帯へ向けた）行動」でもある。ホストマザーは「純粋な気持ちを話すうちにAは泣いた。私たちはお互いを共有しました。日本へ戻ったらこの経験を伝えてください。我が家に来てくれてありがとう」と語った（第5段階）。しかしこれらが変革につながるかどうかは、日常に戻った後の参加者の行動にかかっている。

エヴァリュエーションの後、一行は長距離バスに乗って西ネグロス州から東ネグロス州への山越えの移動を行った。東ネグロス州は、西に比べて地主の土地所有規模は比較的小さいが、やはりさまざまな構造的暴力に苦しむ人びとがいる。

東ネグロス州でのエクスポージャーの受入機関はシリマン大学社会福祉学科。シリマン大学は同州の州都ドゥマゲテにある。大学が中心になっている町である。こちらでは7人の学生が、パリンピノン地熱発電所（石油公団による地域開発）、市営ゴミ投棄場（市による地域開発）、LCP（子供を援助するNGO）、カラウマン開発センター（港湾地区で教育を支援するNGO）、マビナイ農民協同組合（農地改革後創設された小農の組合）の5カ所に分かれての2泊3日のエクスポージャーである。

参加した学生たちによれば、エクスポージャーの1回目はエクスポージャーそのものに慣れること、インタビューすることに精一杯だったが、2回目はインタビューして得たものから、さらにその裏にあるものを考える、分析する方向へ少しでも進めるようになったという。

筆者は、西ネグロス州でAとともにダナオ村のエクスポージャーに参加したBが向かったパリンピノン地熱発電所に同行取材した。通訳・パートナーはシリマン大学の学生、現場コーディネートは発電所の蒸気取出しを行うPNOC

（フィリピン石油公団）環境部の職員である。ここもかつて国有地とされる山岳地帯で、地熱発電所建設のための住民立ち退き問題があった。暴力的な対立のなかで、政府側PNOCは、住民の地域内定住を認めて植林（地下蒸気資源維持のために必須）などに住民を利用する策に転じた。

　学生Bは、発電所の排出ガスに含まれる有毒な硫化水素の人びとの健康への影響、施設の耐用年限とその後に関して疑問を抱いていた。PNOCは地方政府を通して人びとの電気代を1軒1月当たり450〜600ペソも補助（実質的に電気代無料）している他、地元バランガイ（最小行政単位）に町までの車輌サービスを提供し、農民組合を組織して育苗・植林・野菜栽培・養鶏・養豚などを技術指導し、植林や発電所の作業に人びとを雇用するなど、多大な経済的貢献を行っている。PNOCが住民を森林環境保全に利用する見返りだけでこれだけの予算を使うだろうか。Bはこれを（発電所の「公害」に対する）一種の補償金なのではないかと考え、現場のPNOC関係者にインタビューしたが明確な回答はなかった。そこで地域の人びとの意見を聞こうとしたが、聞かれたのはPNOCの地元への貢献を評価する声ばかりだった。PNOC環境部職員が常に立ち会っていることによるバイアスを疑ったBは、自身とシリマン大の学生だけでバランガイ・キャプテン（区長）にインタビューし、環境被害が出ている証言を得た。

　2泊3日のエクスポージャーの後、シリマン大で開かれたエヴァリュエーションで、Bは自身の所見を発表したところ、PNOC環境部担当者から徹底的に反論された。環境問題の発生を否定するのはもとより、ことごとく「そもそも発電所地域は国有地であり、そこには誰も住む権利はない。嫌だったら再定住地に行けばよい。この発電所は地元だけのためにあるのではない。フィリピン全国の役に立っている」という論理であった。学生たちにとっては、開発にかかる強い緊張関係を初めて目の当たりにするものであったが、一方のPNOCも経費節減・人減らしのために、その環境部の職員が削減対象になる可能性が高いという状況であることを知った。

　開発の中で育った日本の学生たちが、開発による被害・しわ寄せを受けている人びととその生活環境の中で出会う。このエクスポージャーは単なる学習・

調査ではない。お互いが学び合うだけでなく、互いの立場の違いに気づき、状況を構造的にみる努力を通して認識が変化し、自己を変革し、変革のための行動を始める、という双方向的でオープンエンドな営為なのである。この2002年のエクスポージャーの参加者たちが、帰国してから「良い体験だった」で終わらせないで、持続して意識化することが連帯へ結びつくのだ。その方法を現場で学んだ7人の学生たち個々のエクスポージャーは、卒業後も日本や世界の各地で続けられている。

　西ネグロス州ラグランハ周辺には、1980年代中期の飢餓の発生以来、日本のNGOが援助活動を行ってきた10年ほどは日本から非常に多数のエクスポージャリストが押しかけた。しかし同地域でのバランゴンバナナ栽培とバナナ民衆交易が、病虫害発生などで1995年に頓挫[22]して以来訪れる日本人など外国人が激減、その後も何ら変わらず毎年現地に通い、エクスポージャーを続けているのは横山ゼミのグループだけである。立派な援助に基づいた交流が廃れた一方で、受け入れ側には何の直接的利益も生み出していないエクスポージャーが続いている。学生は毎年入れ替わるが、開発主義の被害者・当事者であるフィリピン民衆と先進工業国日本の市民との間に継続的な連帯が構築されている。エクスポージャーする、学び合うだけでなく、それぞれがお互いの関係性に介在する暴力を自らの領域で取り除く努力を続ける範囲で、連帯のコミュニケーションが成り立っているといえるだろう。

7　自らのエクスポージャーを構想する

　この章の初めに触れた、原発事故による避難を強いられている被害者の方がたへのエクスポージャーを想定してみよう。

　被害者のサブシステンスを破壊し奪った暴力に、多くは被災地外に住む私たちはどう関与しているのだろう。まず、事故を起こした原発は東京電力の管区外にあり、そこで作られた電力のすべては、遠く離れた首都圏で消費されていたことを考える必要がある。

　原発は初めから立地地域に「苦」を押しつけることによって都市が「快」を

得る格差の構造の上に成り立っていた。私たちは、その構造の中のどんな位置にいるのか。もちろん私たちが原発周辺の人びととの犠牲の上に「快」を得ているという関係があるが、それだけではない。なぜなら、原発被害者の人びとも開発主義による「快」の受益者であるが、一方で、私たちの多くも程度の濃淡はあるが、開発主義による暴力の被害者でもあるからだ。

　コミュニケーションは人と人、人と環境の関係性を成り立たせる関係性として、サブシステンスの重要要素である。しかし、開発主義はコミュニケーションを暴力に変え、人びとを分断している。コミュニケーションの中に、開発主義から脱却し暴力を克服する平和のコミュニケーションと、逆方向の暴力のコミュニケーションの相反する2つのベクトルがある。私たち自身の位置、他の人びととの関係性を考えるのは、コミュニケーションを考えることでもある。関係性の構造を明確にして、私たちをも抑圧する開発主義の暴力を克服する自力更生を始めることによって、被害者同士の「はさみうち」が成り立つ。そのために、暴力のコミュニケーションを平和のコミュニケーションに転換することが必要なのである。

8　おわりに

　ネグロス島でエクスポージャーを行った学生たちは、その地の暴力とその構造を調べただけでなく、それを克服するための人びとの自力更生や、自力更生を押しつぶそうとする内外の阻害要因、立場の違う外部者たちとの連帯を探った。さらには、参加した学生の一人がいみじくも「一生かけて考えます」といったように、彼らはその地の問題や被害者と自分自身との関係を考え続け、濃淡はありながらも卒業後何年も直接の交流を続けている。ある卒業生は同地カンラオンの保健医療における民衆の自力更生との連帯を模索する活動を始めている。ゆっくりではあるが世界の中で自力更生のネットワークをつなぎ、自らの日常生活の中で暴力を減らし平和を実現しようとしているのだ。

　筆者自身、2002年以来自身で同地でのエクスポージャーを続けている。そこで現場の人びとに話を訊こうとすると、今でも時に「あなたはここに何をしに

来たのだ。あなたの質問に答えることが、私たちにとって何の意味があるのか？」と逆に訊き返されることがある。これはどこを訪れてもエクスポージャリストが答えなくてはならない質問だ。あなたならどう答えるだろうか。

　国家、社会経済階層、宗教、文化、ジェンダーなどの属性が異なり、アーティキュレーションで管理される者同士がつながり合い、連帯する暴力の克服＝平和への道が本当に可能なのかどうか、中でもエクスポージャーの第5段階への取り組みが問われているのである。

1)　宇井純『公害の政治学—水俣病を追って』（三省堂、1968年）209頁。
2)　同書同頁。
3)　同書同頁。
4)　宇井純・鬼頭秀一対談「水俣に第三者はいない—『公平性』に拠る人々」季刊『軍縮地球市民』No. 6（明治大学軍縮平和研究所、2006年）16頁。
5)　岡本三夫「平和学の方法」岡本三夫・横山正樹編『新・平和学の現在』（法律文化社、2009年）33頁。
6)　横山正樹が入手し翻訳・紹介したもの。詳しくは横山正樹「第三世界と先進工業諸国にわたる市民連帯は可能か」久保田順編著『市民連帯論としての第三世界』（文眞堂、1993年）50-53頁を参照。
7)　森田ゆり『エンパワメントと人権』（解放出版社、1998年）14頁。
8)　戸田三三冬「地球民主主義の芽」岡本三夫・横山正樹編『平和学の現在』（法律文化社、1999年）231頁。
9)　森田・前掲注（7）178頁。
10)　戸田三三冬「もう一つの世界を求めて」岡本三夫・横山正樹編『平和学のアジェンダ』（法律文化社、2005年）126頁。
11)　井上澄夫『歩きつづけるという流儀』（晶文社、1982年）114頁。日本からの公害輸出に反対する論理を「ばばぬきの論理からはさみうちの論理へ」と表現。
12)　コミュニケーションとエクスポージャーに関する論考は、法律文化社HP教科書関連情報ページで参照されたい。
13)　ユルゲン・ハーバーマス（河上倫逸・M・フーブリヒト・平井俊彦訳）『コミュニケイション的行為の理論（上）』（未來社、1985年）31頁。
14)　「教育は、エクステンシオン（普及）か、コミュニカシオン（伝えあい）かのいずれかを志向するものであり、そのいずれを志向するかによって、それは支配の行為ともなれば、解放の行為ともなりうる」（里見実「序　意識化と対話の統一をめざして」パウロ・フレイレ（里見実・楠原彰・桧垣良子訳）『伝達か対話か—関係変革の教育学』（亜紀書房、1982年）9頁）。

15)　横山正樹「市民連帯の意識化の方法としてのエクスポージャー論」久保田順編著『市民連帯論としての第三世界』（文眞堂、1993年）50-51頁。

16)　横山正樹「平和学としての環境問題―開発主義とサブシステンスをめぐって」季刊『軍縮地球市民』No. 6（明治大学軍縮平和研究所、2006年）77-78頁。

17)　2002年度フェリス女学院大学「アジア現地実習（フィリピン）」シラバスより要約。

18)　横山・前掲注（6）47-48頁。

19)　同書、50頁。

20)　Basic Christian Community. カトリックの「解放の神学」の中から生まれた。信者が小グループを作り、社会の文脈の中で批判的な目をもって聖書を読み、自分たちで祈る、下からの草の根宗教運動とその組織。

21)　ネグロス島ではスペイン統治時代から砂糖生産が中心産業。約370万人の人口の3パーセント程度の地主が島の6割の土地を所有し、土地をもたない人びとを雇って砂糖などのプランテーションを営んでいる。

22)　バナナ生産と民衆交易の詳細は、伊藤美幸「フィリピン・バナナ村の歩み」戸﨑純・横山正樹編『環境を平和学する！―「持続可能な開発」からサブシステンス志向へ』（法律文化社、2002年）153-162頁を参照。

あとがき

　2020年3月に一部のネット空間で話題のツイートがあった。「イタリアでは人が減った事で水が透明になって魚や白鳥が戻り、中国では空気汚染が緩和されて、（地球にとって）『コロナがワクチンで我々がウィルスだったのでは？』…」。

　「人間中心主義からいい加減に目覚めなさい」…これが新型コロナウイルス・パンデミックの衝撃から私たちが学ぶべき教訓ではないか。

　顧みれば、平和学における平和はあくまでも人間たちの平和であり、地球生態系全体の平和ではなかった。そんな限界から半歩でも踏み出そうと、筆者たちはサブシステンス志向の環境平和学をこれまで提唱してきた。

　平和をあらゆる関係性において求めるなら、人間社会内で完結はしない。プラネット・アース、地球という惑星ベースの平和の構想が必要だ。人間活動が地球変化（破壊）の主因となった地質年代、つまり人新世（アントロポセン）の平和学をめざし、地球と私たちを望ましい未来へとつなぐ試み、そのひとつに本書はある。

　今回のパンデミックは21世紀の人類の課題をより可視化してきた。現実把握の方法としての平和学エクスポージャー（PSEP）は、Step-5 の「関与」つまり問題当事者たちと自分との関係を把握しながら深くかかわっていくことを主眼とする。感染症対策を含め、私たちが今後さらに直面する諸課題への取り組みにも、本書に盛り込まれた情報や考え方は活かしうるはずだ。併せて法律文化社「教科書関連情報」ウェブサイトも設けた。パンデミックにかんする補論としての平和学的考察も収められている。

　このような本書の全体像を通して、『平和学のいま―地球・自分・未来をつなぐ見取図』をタイトルに選んだ編者らの意図を理解いただけるものと期待したい。

　　2020年6月、ステイホーム中でも各地の関与現場に思いを馳せつつ

編者を代表して　横山　正樹

執筆者紹介

(執筆順、＊は編者)

＊横山　正樹　　　　　フェリス女学院大学名誉教授　　　　　第1〜4章、第4章コラム1

川崎　哲　　　　　　ピースボート共同代表　　　　　　　　第4章コラム2
　　　　　　　　　　核兵器廃絶国際キャンペーン（ICAN）
　　　　　　　　　　国際運営委員

＊平井　朗　　　　　　立教大学、茨城大学、星槎大学非常勤講師　　第5章、第8章、第13章

宮寺　卓　　　　　　立教大学兼任講師　　　　　　　　　　第6章

蓮井　誠一郎　　　　茨城大学人文社会科学部教授　　　　　第7章

藤岡　美恵子　　　　法政大学兼任講師　　　　　　　　　　第8章

伊藤　美幸　　　　　セラピスト　　　　　　　　　　　　　第8章、第9章

小川　景子　　　　　東海大学医療技術短期大学教授　　　　第9章

北野　収　　　　　　獨協大学外国語学部教授　　　　　　　第10章

勅使川原　香世子　　明治学院大学国際平和研究所研究員　　第11章

＊小山　英之　　　　　上智大学神学部教授　　　　　　　　　第12章

Horitsu Bunka Sha

平和学のいま
—— 地球・自分・未来をつなぐ見取図

2020年7月15日　初版第1刷発行

	平　井　　　朗
編　者	横　山　正　樹
	小　山　英　之
発行者	田　靡　純　子
発行所	株式会社 法律文化社

〒603-8053
京都市北区上賀茂岩ヶ垣内町71
電話 075(791)7131　FAX 075(721)8400
https://www.hou-bun.com/

印刷：中村印刷㈱／製本：㈲坂井製本所
装幀：石井きよ子

ISBN 978-4-589-04096-1

©2020　A. Hirai, M. Yokoyama, H. Koyama
Printed in Japan

ヨハン・ガルトゥング著／藤田明史編訳 ### ガルトゥング平和学の基礎 A5判・200頁・2800円	ガルトゥングの平和理論の基礎と全体像がわかる5つの代表的論考の翻訳集。暴力概念の彫琢によって理論構築したガルトゥングが明示する平和学のエッセンスを知ることができるとともに、「平和とは何か」という根源的な問いに対する多くの示唆を得ることができる。
中村桂子著 ### 核のある世界とこれからを考えるガイドブック A5判・172頁・1500円	「なぜ核兵器はあるのだろう?」という素朴なギモンをはじめとして、「核兵器のある世界」となった〈これまで〉と〈いま〉について知ることからはじめる。たくさんのギモンを考え、リアルを学ぶなかで、「核がないこれからの世界」をどうしたら創っていけるのか。その基礎的思考力を身につけるためのガイドブック。
戸田 清著 ### 人はなぜ戦争をするのか A5判・70頁・1000円	戦争の残虐さや悲惨さを経験しながら「人はなぜ戦争をするのか」という根源的問いに応答する。さまざまな学問的叡智から、その背景や要因を探究し、この〈難問〉に答える。将来への展望として、戦争克服の可能性や平和教育の方向性も提言する。
日本平和学会編 ### 平和をめぐる14の論点 —平和研究が問い続けること— A5判・326頁・2300円	いま平和研究は、複雑化する様々な問題にどのように向きあうべきか。平和研究の独自性や原動力を再認識し、果たすべき役割を明確にしつつ、対象・論点への研究手法や視座を明示する。各論考とも命題を示し論証しながら解明していくスタイルをとる。
日本平和学会編 ### 平和を考えるための100冊+α A5判・298頁・2000円	平和について考えるために読むべき書物を解説した書評集。古典から新刊まで名著や定番の書物を厳選。要点を整理・概観したうえ、考えるきっかけを提示する。平和でない実態を知り、多面的な平和に出会うことができる。

———————法律文化社———————

表示価格は本体(税別)価格です